JN029908

Talent Strategy Risk

How Investors and Boards are Redefining TSR

人材・戦略・リスク

長期的な価値創造を担う取締役会の仕事

ビル・マクナブ　ラム・チャラン　デニス・ケアリー

コーン・フェリー
中島正樹［訳・日本語版解説］　諏訪亮一［訳］

日本経済新聞出版

TALENT, STRATEGY, RISK:
How Investors and Boards are Redefining TSR
by
Bill McNabb, Ram Charan, and Dennis Carey
Original work copyright © 2021 Harvard Business School Publishing Corporation
Published by arrangement with Harvard Business Review Press
through Tuttle-Mori Agency Inc. Tokyo
Unauthorized duplication or distribution of this work
constitutes copyright infringement.

バンガードの同僚たちへ。日々私に新たな気づきを与えてくれるみなさん全員に、世界中の投資家に代わって感謝したい。

――ビル・マクナブ

50年間、1つ屋根の下に兄弟や従兄弟たちが12人も暮らしていた大家族の深い愛情と思いやりに捧ぐ。みんなの犠牲のおかげで私は学校教育を受けることができた。

――ラム・チャラン

すべてのステークホルダーのために、より健全かつ持続可能で、成長力と競争力のある企業を築き上げるために最前線で活躍するＣＥＯ、取締役会、投資家に捧ぐ。

――デニス・ケアリー

目次

第2部 取締役会のベストプラクティス

※本文中の会社名、役職などはすべて原著刊行当時のものである

プロローグ

本書執筆の契機となった投資業界の変化

ビル・マクナブ

1986年春のある晩、私はフィラデルフィアの友人の家の裏庭に面したポーチに座っていた。街で有名なダレッサンドロズ・ステーキのチーズステーキを食べビールを飲みながら、私は資産運用会社バンガードからの仕事のオファーについて話し始めた。バンガードは、その11年前にジョン・C・ボーグルによって設立されていた。

ボーグルやジャック・ブレナンCEOや社員たちとの会話から、バンガードが他社とは違うものを築き上げているのは明らかだ、と私は友人に話した。バンガードは貯蓄や投資に励む市井の人々の味方になりたいと一生懸命だった。

バンガードは資産運用会社の中でもユニークな存在だった。そして現在でも非上場で、創業者や特定の民間企業に支配されていない唯一の資産運用会社である。バンガードは自社が運用する投資信託の顧客、つまり投資信託に投資する人々によって所有されている。バンガードが注力する顧客は個人投資家であり、バンガードは株式を永続的に購入し保有するインデックスファンドの先駆者でもある。だが当時のバンガードは設立からまだ日が浅く、インデックス投資は緒についたばかりで、多くの人は物珍しそうに見ていた。

当時、私は29歳で、3年前にペンシルベニア大学ウォートン校を卒業していた。私は中学1年生と2年生にラテン語を2年間教え、複数のスポーツのコーチをした後、ウォール街で短期間働いた。ウォール街での金儲けのモデルやマインドセットを理解するには十分だ。だから私には、バンガードの会社の構造や考え方が革命的であることがわかっていた。

そんな私の気持ちを察したのか、友人は「君はこの仕事を受けるべきだ」と言ってくれた。ウォール街に指図されることなく、自分が正しいと信じるものに関わるチャンスがやってきたのだ。

30年以上経った今でも、バンガードはすべての投資家のために行動している会社である。さらに言えば、世界中でインデックスファンドなどの長期金融商品に投資をする人が増えるなかで、バンガードは個人の投資スタイルの大きな変化の一翼を担っているのである。

長期投資家のニーズ

株式市場の投資家の性質は、この数十年で大きく変化した。今日、彼らは長期的な視点をより重視している。モーニングスターによれば、2020年の時点でインデックスファンド（上場投資信託を含む）は米国の投資信託資産のうちの41%を占めており、これは2000年の11%から上昇している。

インデックスファンドは売買が非常に少ないのが特徴である。S&P500指数をベンチマークとするバンガード500インデックスファンドの場合、2010年から2019年までのポートフォリオの年平均売買率はわずか3・6%であった。一方、モーニングスターによると、S&P500をアウトパフォームしようとした米国のアクティブファンドは、期間中の平均売買率が65・3%にも達している。このデータを別の角度から見ると、インデックスファンドの1株式の平均保有期間は約28年だが、平均的なアクティブファンドの場合は約18カ月だったことになる。

「マーケット」の大部分は、将来の経済的安定のために貯蓄や投資を行う現実の人々によって構成されていることを忘れてはならない。米連邦準備制度理事会（FRB）と世界銀行のデータから推計したところによれば、個人は直接あるいは投資信託を通じて、米国株式市場の4分の3以上の株式を保有している。

よく私は関係者に指摘しているのだが、バンガードやフィデリティやブラックロックが運用しているのは彼らの資本ではなく、その多くは401（k）（確定拠出型個人年金制度）、529プラン（教育資金積立制度）、個人退職金勘定（IRA）を通じて投資している何百万人もの個人や家族の貯蓄や投資である。マーケットとは、長期的な目標を持ち、長期投資商品に投資している人々のことだ。

バンガードの経営者の役割を退いた今、私はいくつかの上場企業の取締役を務める機会を得た。その経験によって、私は取締役会の両サイドの視点をより深く理解することができるようになった。上場企業の取締役として最初に学んだことの1つは、投資家層を理解することの重要性だった。すなわち、どのような投資家がどのような理由で会社の株を保有しているのかを分析し、理解することである。

投資家は、企業の株式を数ミリ秒、数時間、数日、数カ月、あるいは数十年にわたって保有することができる。投資家の中には、自分の考えを企業に伝える者もいれば、株主であることにすら気づかれずにいる者もいる。しかし、永久保有目的の投資家（permanent investors）ほど、企業の長期的な健全性を気にかけている人はいない。

バンガードでは、公開企業が長期投資家の声を十分に把握していないことを実感していた。公開市場の投資の基盤は、日々の株価の変動、四半期報告のサイクル、年次総会などのリズムの上に築かれている。しかし、インデックスファンドはそのような会話には必ずしも参加しない。インデックスファンドにとってより関心があるのは、企業の長期的なガバナンスと取締役会による監督である。

今世紀初頭、バンガードのような会社はパッシブ・インデックスファンドとして知られていた。本来真剣に考えなければならないガバナンスを、誰も真剣にとらえていなかった。初期のアクティビストたちだけがそうではなかった。彼らは、バンガードのようなファンドよりもはるかに少ない株数しか保有していないにもかかわらず、企業に不当な影響を与え始めていた。そして彼らが要求する変化は、必ずしも企業の長期的な利益につながるものではなかった。

この状況は、バンガードや同業他社を目覚めさせた。「ちょっと待てよ。私たちは永久ではないとは言え、それらの会社にとってかなりの長期投資家だぞ」。多くのアクティビストの行動は、バンガードの株主（インデックスファンドへの投資家）の長期的な価値を損なう可能性のあるものだった。バンガードの株主と、バンガードのファンドが投資している企業との関係を再考する時が来たのだ。

バンガードはひたすら株主を重視してきた。バンガードにとっての投資家とは、イコール株主である。インデックスファンドのファンドマネジャーは、自分が嫌いな企業の株を売ることはできない。インデックスファンドが企業に影響を与えるには、ガバナンスを実践する以外に方法はないのである。バンガードが望んでいたのは、すべての企業の取締役会と彼らの株主との関わり合いが、バンガードとその株主との関わり合いと同じレベルになることだった。これが、バンガードが投資先の企業により積極的に、より関与していくことを決めた経緯である。

2002年、エンロン、ワールドコム、アデルフィアなどのコーポレートガバナンスの失敗が明らかになったことで、バンガードが自身の哲学を体現する瞬間が訪れた。当時、バンガードのCEOだったジャック・ブレナンは、バンガードのファンドが株式を大量に保有している450社の経営者に手紙を出した。その手紙には、取締役会の構成、役員報酬、監査人の独立性、株主の権利など、ガバナンスに関するバンガードの期待が書かれていた。

それらの企業スキャンダルとそれに続く2002年のサーベンス・オクスリー法(SOX法、米国企業改革法)や主要証券取引所での上場要件の厳格化などの改革は、世界中の取締役会でガバナンスに対する新たな議論に拍車をかけた。しかし、上場企業と最も長期的な株主が相互理解を深めるには、まだ多くの課題が残されていた。

それらの課題を解決する架け橋となったのは、多くの業界団体や学術機関であった。コロンビア大学、ドレクセル大学、ハーバード大学、デラウェア大学は、運用資産規模の大きな長期投資家、企業の取締役、そして経営陣が一堂に会するフォーラムを定期的に開催し、リスクの監視における取締役会の役割、株主との対話、役員報酬などの課題について議論した。

私が思い出すのは、2010年に開催されたドレクセル・ディレクターズ・ダイアローグでのブレナンの基調講演だ。ブレナンは、会場いっぱいに集まった企業の取締役たちに対して、永久保有目的の株主を企業の主要な出資者として考えるべきだと語った。「すべての意思決定において基準とすべきなのは、『この決定は永久保有目的の株主にどのような影響を与えるか？　そして、私たちが今ここで下す決断は、私たちの利害と永久保有目的の株主の利害と一致しているか？』である」。当時、それは過激なメッセージだった。

その後、投資家と投資先企業との間には建設的な対話が続いた。企業の取締役は、長期的な投資家をより深く理解するようになった。私は企業の取締役との大小さまざまな会合で、バンガードのようなインデックス投資家は良い時も悪い時も株を持ち続け、投資先企業の経営判断に四半期ごとに口を挟むようなことはしないと説明した。

長期投資家が知りたいのは、企業の戦略的な長期ビジョンと取締役会のガバナンスとが整合しているかどうかだ。現在と将来のために適切な取締役が選任されているか？　取締役会は主要なリスクを理解し、監視し、責任を持って取り組んでいるか？　報酬制度は経営陣に、他社より優れた業績を挙げ、長期投資家にとっての価値を創造するインセンティブになっているか？　株主は声を上げているか？　企業はその声に耳を傾けているか？
これらの要素は、企業と投資家の双方に対して、長期的により大きな富を創出することにつながる。

資本市場の重要性

上場企業であることは決して楽ではない。上場企業に課せられる数多くの要件が一部のスタートアップ企業の上場を阻んでいるのではないか、と心配になることもある。実際、世界銀行やバーンスタインリサーチ、バンガードの分析によると、米国の公開企業数は過去数十年間で大幅に減少しており、１９９６年には８０００社を超えていたが、２０２０年半ばには約４３００社にまで減少している。

私の見解では、米国は世界でも最も活気のある資本市場を有している。歴史的に見ても、未公開企業と公開企業のバランスが取れている。現在、未公開企業の数が劇的に増えているが、これは過去20年間の金利低下によって借り入れが容易になり、資金調達目的の上場が減ったことが一因である。これは必ずしも悪いことではない。だが、公開市場の素晴らしい点は、市場に上場した企業の成功によって誰もが利益を得られることにある。

私たちが懸念しているのは、注意しないとこのバランスが崩れてしまうことだ。優れた経営を行っている上場企業の中には、未公開企業のマインドセットで運営されているものがある。このような企業は、日々の株価や四半期ごとの収益目標を達成することではなく、何世代にもわたって持続できる、成功する事業を創り出すことに注力している。

株主とステークホルダー

私はここ数年の「株主対ステークホルダー」の議論に当惑している。企業が株主以外のステークホルダーのニーズに目を向けると、株主利益の重要性が低下するのではないかと懸念を表明する人もいる。だがこの意見はまったくの的外れだ。

優れた雇用主であり、また地域社会の良き一員である一方で、顧客に注力することは、実際にはより良い結果を生み出すことにつながる。バンガードでは、これを「3C（顧客［Client］、社員［Crew］、コミュニティ［Community］）へのフォーカス」と呼んでいた。私はすべての企業が「3Cへのフォーカス」を導入すべきであり、それが長期的に価値を生み出すことにつながると信じている。株主かステークホルダーか、どちらかではない。株主とステークホルダーの両方なのだ。

短期的なトレードオフを選択した企業が、株主利益を高められることもある。だが、長期的に賞賛される企業を築きたいのであれば、持続的な株主価値を生み出すために株主以外のステークホルダーにも価値を提供しなければならないのだ。

＊＊＊

健全な資本市場を維持し、長期的な視点に立って行動し、幅広いステークホルダーに配慮するという考えに反対する人はわずかだ。だが、実践が難しい。

本書はラム・チャラン、デニス・ケアリー、私の3人がこれらの考えに至った経緯を取締役会の視点から整理し、取締役会の新たなアジェンダを、その新たなやり方と実行のガイドラインと合わせて定義しようとするものだ。

私たちがすべての答えを持っていると言うつもりはない。そのため、私たちは、この本を書くために最高の人々から学んだ。上場企業、投資、コーポレートガバナンス分野で先端的な考えを持つ人たちから話を聞いた。企業の取締役と経営陣が理論を実践する方法について、最も革新的で洞察に満ちたアイデアを集めた。取締役たちに、サクセッションプラン、取締役会の構成、さまざまなステークホルダーへの対応などについて、どのように考えているのかを質問した。世界最大級の上場企業のＣＥＯたちが、取締役会とどのように連携しているかについて話した。また、大手資産運用会社のリーダーたちと、彼らが上場企業の取締役会に対して期待することについて話した。さらにアクティビスト投資家には、企業文化や価値創造についての彼らの見解について尋ねた。

最後に、私たちが本書の最後の仕上げを行っていた２０２０年暮れ、世界は１００年に一度の最悪のパンデミックに見舞われた。本書のために集めた知恵と視点は、特にリスクの監視や、長期的なビジョン、パーパス、そしてレジリエンスによって組織を率いる能力に対して、さらに深い意味を持つようになった。

私たちはこの素晴らしいリーダーたちからの学びに恵まれた。読者のみなさんにもぜひ同じ経験をしていただきたい。

序章

長期のためにコーポレートガバナンスを再定義する

「ビジネス・ラウンドテーブル」の２００人以上のＣＥＯが、株主第一主義の考え方を公に非難している。世界最大の資産運用会社であるブラックロックは、自社のポートフォリオに含まれるすべての企業に対し、長期的な価値創造に向けた道筋を示すことを要求している。フォーチュン５００社の60％を所有する機関投資家たちは、企業経営者に短期と長期の適切なバランスを保つことを期待している。

短期と長期のバランスを取ることは永遠の課題だが、この新たな動きは、経済危機からの復活、気候変動への対応、人種間の不公平の解消などの要請と同様に、取締役会が正面から向き合い、その方向性を示すよう求める。

この新たな期待に応えるために、取締役会はどのような変化を起こす必要があるのだろうか。長期に向けて企業をリードするために、コーポレートガバナンスのどのような新しい原則と手法が必要なのだろうか。私たち3人はこれまで、会社の所有形態の変化や経営者の行動に対する株主の期待の変化の最前線にいた。

ビル・マクナブは、バンガードのＣＥＯとして、企業の株式を保有し評価する投資業界の変化を推進した。ビルの取り組みは、２０１０年にドレクセル・ディレクターズ・ダイアローグで初めて発言したときに遡る。ビルが会場にいたＣＥＯたちに、「企業の取締役会は投資家と対話すべきだ」と提議したことで、ＣＥＯたちは激怒し、彼を部屋から放り出すのではないかと思ったほどだ。「彼らは怒り狂ったのだ」とビルは振り返る。２０１７年までにバンガードは、世界中の取締役や経営陣とこのテーマで約１０００回の対面およびオンラインの会議を実施した。

ラム・チャランは、企業経営のアドバイザーとして、取締役会や経営幹部たちがガバナンスを再考し、再設計するのを支援してきた。その結果、取締役会の関心と投資家の懸念との間のギャップが拡大していることや、上場企業の取締役会と非上場または同族会社の取締役会との間に著しい違いがあることに気づいていた。

デニス・ケアリーは、コーン・フェリー副会長として、上記の新たな期待に応えるために、取締役会の再編成やCEOの採用を支援してきた。彼は長年にわたり、取締役会に求められる、時に相反する要求が着実に増加していることを目の当たりにしてきた。そして、コーン・フェリーの同僚とともに、取締役会が企業の業績にどのような影響を与えるかについて広範な調査を行ってきた。

私たちは、企業が短期主義の罠から逃れ、長期的な価値創造を推進するために必要な視点や実践の変化を説明しようと、取締役会、経営陣、投資家と協働してきた長年の経験を組み合わせた。

それは「株主総利回り（TSR：Total Shareholder Return）」を再考し、その代わりに、別の種類のTSRに焦点を当てることから始まる。

TSRを再定義する

投資家が企業業績を測る標準的指標は、株主総利回りである。すなわち、ある企業の一定期間における累積配当額と株の値上がり益を足したものを、投資額で割ったものである。高い株主総利回りを追求する取締役会や経営者は、株価を上げるために短期的活動を重視する。また外部（証券アナリストや経済紙、株式市場で企業の潜在性が評価されていないと考えるアクティビスト投資家）から、株主総利回りを上げるよう圧力が加わる。

しかし、株主総利回りに焦点を当てることが良い経営行動を導くわけではない。トータルリターンを高めようとする最善の努力にもかかわらず、企業は、賢明とは言えない合併、行き詰まった事業への投資、変化するビジネス環境に適していないCEOの採用などを続け、これらはすべて株主価値を毀損することになる。

企業がこのような苦境に陥ってきたのは、短期志向、一貫性の欠如、そして誤った成果に焦点を当てたためである。企業は、通常、価値創造のための各取り組みをそれぞれ独自に設定した指標で評価する。粗利、収益、コスト削減額、資産回転率などの一連の意味のある財務指標よりも、例えば、コンテンツであればそれに対する注目度、また、製造プロセス上の改善策であれば在庫水準などによって評価する。それぞれの取り組みは、ただその仕事を完了することを求められるプロジェクトリーダーの手に委ねられ、スケジュールはしばしば不明瞭で、責任も不明確である。CEOの報酬は短期的な業績に連動していることが多く、会社の将来がかかる革新のタネを生み出すプロジェクトの成功や失敗には連動しない。そして、取締役会の多くは、経営陣が将来に向けて何を準備しているかに無関心でいる。このようなお決まりの誤りすべてが、長期的な価値創造の敵である。

図序-1　新しいTSR

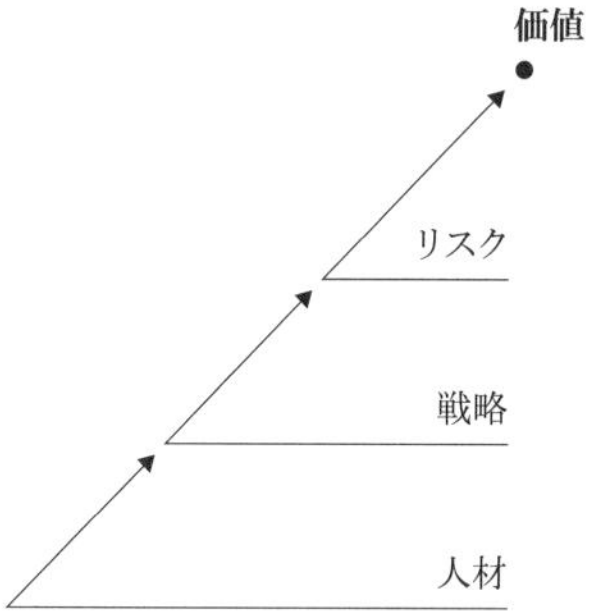

今こそ、企業は、取締役会のリードのもと、新たな要請に焦点を当てなおすべきである。永久資本（permanent capital）と長期的な価値創造の観点から見れば、株主総利回りを生み出す最善の方法は、人材（Talent）・戦略（Strategy）・リスク（Risk）、すなわち新たなTSRにフォーカスすることである（図序-1）。

まず正しい人材を惹きつける――自社にとどまり、成長し、進化する人材だ。次に、戦略を策定する――ウォール街の期待に対してではなく、最も長期的に保有する投資家の関心に沿ったものだ。最後に、リスクを把握する――取締役会が、戦略の実行を妨げる可能性のあるすべてのリスクを認識する。

新しいＴＳＲへの移行は、投資家から始まった。インデックスファンドがコーポレートガバナンスでより積極的な役割を担うようになると、彼らは、ＣＥＯとその経営チームの選定、提案された合併や戦略的な方向性の変更を行うかどうかを確認するステップ、リスクを軽減し効果的に取るための手法など、経営陣や取締役会がコーポレートとしての主要な機能をどう果たしているかに焦点を絞るようになった。言い換えれば、投資家は企業を守り、その価値を高めることの両方を実現するため、人材・戦略・リスクを直接見ているのである。

私たちは、株主価値の向上は単なるアウトプット、すなわち経営者が達成しようと望んだことの結果に過ぎないと見ている。私たちは一歩下がって、このアウトプットを生み出すためのインプットの方に目を向けたかった。人材・戦略・リスクの３つの組み合わせは、長期的な株主利益を向上させるためにＣＥＯがマネジメントし、取締役会が監督すべき企業活動の個々の機能要素をまとめて表している。この新しいＴＳＲは、短期主義から脱却し、長期へと方向性を切り替えるために取締役会が使えるツールである。取締役会が新しいＴＳＲを正しく実施すれば、古いＴＳＲ（株主総利回り）は自ずとついてくる。

人材・戦略・リスクに熱心に取り組むバンガードは、これを実践している。バンガードの事業は投資だが、１万８０００人の従業員がおり、世界中にオフィスがあり、テクノロジーに数十億ドルの投資を行うかなり複雑な企業である。バンガードは、新しいＴＳＲの重要性とそれを実行する重要性を身をもって知っている。

この新しいＴＳＲから得られる恩恵は、マーケットでの利益にとどまらない。取締役会は「株主価値」のより良い尺度を創り出すことができる。それは、広く株主と社会全体の両方に利益をもたらす「長期的成長」である。投資家はしばしば、社会的な恩恵を生むことは財務的な成果を得ることに反すると見ている。例えば、ゼロ・カーボン戦略を始めるということは高コストと低利益を意味すると見られる。短期的にはそうかもしれない。しかし、このような視点は、例えば将来のコスト削減や一連の新たなビジネスの創出、さらには、人々がこのような目標を追求する企業に与える高い評価を通じて、長期的な利益を生み出すことができる。

これまでマーケットからの要求は短期に偏り、企業活動もその傾向を強めてきた。ＥＰＳ（１株当たり利益）への信奉は、予算と業績評価の周期と相まって、強い近視眼的思考をさらに確かなものにしている。役員報酬のインセンティブ部分と企業業績の最適バランスを実現しようとしてきたにもかかわらず、報酬はいまだに短期指標に大きく基づいている。

企業の投資価値を評価する証券アナリストも、短期的業績によって報酬を得ている。アクティビスト投資家は多様でさまざまな時間軸を持つが、短期的な業績改善のために経営陣に圧力をかけることに長けている者もいる。

企業にとっての朗報は、フォーチュン500社の株式の50～60%を保有する機関投資家が声を上げ、この短期主義に対抗するよう取締役会に求めていることだ。本書は、このような機関投資家の視点をとらえ、取締役会が幅広い株主の期待に応えつつも仕事を効率的に行うためのベストプラクティスを提示する。

明日をリードする――私たちの意味するところの一例

会社の将来のために必要な決定は、現時点では不興を買うかもしれない。だが取締役会は、将来のために必要な決定を支持することで非常に大きな価値を生み出すことができる。2013年にアクティビスト投資家から会社分割を要求されたペプシコを考えてみよう。利益は伸び悩み、株価は横ばいだった。しかし、CEOのインドラ・ヌーイは、健康志向の飲料やスナックに経営資源をシフトさせることで長期的成長を実現する詳細な計画を取締役会に提示した。彼女の計画を評価し、新たなブランドの導入などを含む実行のステップを確認したうえで、取締役会は彼女を支持することを決定した。取締役会のヌーイに対する信頼とアクティビスト投資家に立ち向かったことの正しさは、すぐに証明された。２０１４年、ペプシコの株価は過去最高値に向けて着実に上がり始めた。

取締役会の忍耐が報われた最も有名な例は、アマゾンだろう。ＣＥＯのジェフ・ベゾスは常に長期的に物事を見ており、取締役会は、書籍以外への商材の拡大、アマゾンプライム会員への無制限の無料配送、動画配信サービス、クラウドコンピューティングサービス、コンテンツ制作など、ベゾスによる次から次への取り組みをサポートしてきた。10年前のアマゾンは、十分な利益を挙げていないと批判され、いつになったら十分な利益を挙げるのか、と疑問を呈されていた。今やアマゾンは、世界をその手に収めた。２０２０年２月、アマゾンは時価総額１兆ドルを達成した。

取締役会が支援すれば、ＣＥＯは長期的に利益を生む行動を取りやすくなる。取締役会が支援しなければ、ＣＥＯはそのような行動をなかなか取らない可能性がある。より深刻なのは、自社の将来に投資したいと考える企業が、非公開化へと駆り立てられることだ。デルはＰＣ事業からの急転換を投資家が容認しなかったため、２０１３年に非公開化に踏み切った。

取締役会の機能不全は公開企業の存続を脅かす。経営に行き詰まった公開企業は、他社と合併するか、ＰＥ（プライベート・エクイティ）に買収されるか、アクティビスト投資家の意向通りに再編されるかの３つの選択肢がある。これら３つが原因で、米国の公開企業の数は減っている。法的な問題や規制もこの要因の一部である。

アクティビスト投資家は、取締役会に特定の問題を突きつけて圧力をかける。彼らはＣＥＯの交代や会社の分割・合併を提案すると脅し、会社に長期的な価値の創造ではなく、短期的な利益を追求させようとすることがある。このようなアクティビスト投資家による企業の非公開化のパターンが定着すると、資本市場は資本配分の場ではなく取引の場となり、経済的な富の創造に参加できる人の数を減らすことによって、社会に非常に大きな影響を与えることになる。取締役会の存在は、この流れを止めるために極めて重要である。

取締役会は、自社を守るために、大株主である機関投資家との関係を築くべきである。外圧を排し長期的目標を達成するためには、機関投資家の支援が不可欠だ。株式の２～３％しか保有していないアクティビストたちは、彼らの提案を通すために一部の機関投資家の支援が必要になる。本書では、企業が機関投資家を味方につける方法を提示する。

取締役会やＣＥＯが企業業績をより幅広い観点からとらえるべきだという要求はあるものの、今後も「株主のための価値を創造すること」が最重視されるのは変わらないだろう。だが、「株主のための価値」を測る尺度は、状況変化に伴って再定義する必要がある。取締役会は、長期そして永久保有目的の投資家と共同でそれを実行すべきだ。

この考え方によれば、株主総利回りには、単に株価の上昇や累積配当金だけではなく、企業を長期的に成長させるための要素（例えば、市場シェア、資本効率、ブランドの質など）も含まれる。これらが将来の成功を決定づける要素である。

取締役会に求められるのは、より長い時間軸を採用することだけではない。株主の目先の金銭的利益を超え、より広い企業としての責任の概念を受け入れなければならない。ビジネス・ラウンドテーブルをはじめとする社会全体の声は「企業の社会的責任は唯一、資源を使って利潤を増大させることである」というミルトン・フリードマンの言葉を超えることを企業に求めている。偉大な企業を経営するには、取締役会や経営陣が株主以外の他のステークホルダーに焦点を当てるべきであり、そうすることで長期的な株主利益の拡大につながる。

企業を新たな方向に導くためには、取締役会は経営陣の支配力を奪う必要がある。これまで取締役会は、基本的にはＣＥＯのチームがリードしてきた。また、経営陣が提供する情報にほぼ全面的に依存してきた。その結果、取締役会は、外部の変化に対して受け身になってしまった。

取締役会は、新たなやり方とマインドセットを採り入れなければならない。今日の取締役は、四半期ごとの取締役会ではなく、リモートで参加するＺｏｏｍミーティングでその機能を最も発揮する。取締役は、経営陣と同僚としての協力関係を築くと同時に、経営陣から独立していなければならない。本書では、長期と短期の目標、そしてすべてのステークホルダーの利害の適切なバランスを確保できるように、取締役会が独自の情報源を生み出す方法を提示する。

人材・戦略・リスク——長期的経営のための取締役会の新たなプレイブック

私たちは、このような流れが取締役会の中で起こるのを何年も見てきた。本書の提言は、取締役会、経営陣、投資家と一緒にこれらの課題に取り組んできた私たちの長年の経験に基づいている。

本書執筆のために、上場企業、非上場企業、投資会社、アクティビストの数多くのリーダーたちにインタビューした。本書では、彼らの最高の洞察、成功の理由とその方法を共有していく。GMのメアリー・バーラは取締役会を常に関与させる方法について、バークシャー・ハサウェイのウォーレン・バフェットは合併を成功させる方法について、ディレクターズ・カウンシルのミシェル・フーパーはCEOサクセッションについて、デルファイ・オートモーティブのラジ・グプタは企業買収について語ってくれた。すべての人が短期主義の罠から逃れ、長期的視点で企業をリードすることについて語っている。

インタビューした取締役、リーダー、投資家たちは、古いビジネスのやり方を刷新した。本書が提供する新しいツールは、読者が古いやり方を刷新するのに役立つだろう。第1部では、新しいTSRのフレームワークを提示する。第1章では、まず人材（Talent）について論じる。すべての経営資源の中で人材が最も重要である。人材は戦略を推進し、新たな方向性を考え出し、まったく新たなチャンスをつかみ、企業の適応性と俊敏性を高める。人材はリスクを管理し、軽減する。人材は計画を実行する。取締役会は、自社が持つ人材について深く知ることで決定的な支援を提供することができる。そうすれば、取締役会は経営陣に対し、自社の幹部たちについての提言を行い、また、事業の短期的および長期的な要件に対して今の社員たちが適しているかどうかを経営陣が直視するよう支援する役割を果たす。WSFSフィナンシャルのCEOは、3カ月間出張し、後継者に明確に任務を与えることによって、彼のサクセッションにどのようにして道筋をつけたかを語る。

第2章では、戦略についての取締役会の新たな役割について説明する。変化の激しい世界では、戦略の設定は、もはや年に一度のオフサイトイベントではない。それは継続的なプロセスでなければならず、取締役会のすべての回を自社の戦略のフレームワークが妥当かどうかを問う機会にしなければならない。本書では、新たな基準として「稼ぐモデル

（moneymaking model）」を提示し、それを長期的なゴールに結びつける。例として、ＧＭがどのように取締役の知見を活用して新規事業に参入したかを紹介する。また、デルファイ・システムズがどのようにして将来最も重要な事業にポートフォリオを絞り込んだか、ウォーレン・バフェットが潜在的な合併の機会に対してどのようにして正しい判断を下したか、そして取締役会がすべてのステークホルダーの利益を考慮することで、どのようにして将来に向けた価値を作り上げることができるかについても紹介する。

第３章では、新しいＴＳＲの第３の柱である「リスク」を取り上げる。あまりに多くの企業がリスクをマネジメントするのではなく、リスクを回避している。私たちは、リスクのマネジメントに対する新たな焦点の当て方が、長期的利益に対する見方をどのように変えるかについて提示する。適切に実行されれば、リスクマネジメントは、企業をさまざまな個々の部分の寄せ集めではなく、１つのシステムとして動かすことができる。本書では、タイコのトータル・エンタープライズ・リスク・アプローチがどのようにしてＣＥＯによる財務的な不正を乗り越え、さらに２００９年の新型インフルエンザの大流行によって発生した全世界でのオペレーションに対する脅威を回避したかを紹介する。また、ウォーレン・バフェットがバークシャー・ハサウェイの監査リスクをどのようにマネージしているかについても紹介する。

図序-2　新たなバリュープレイブック

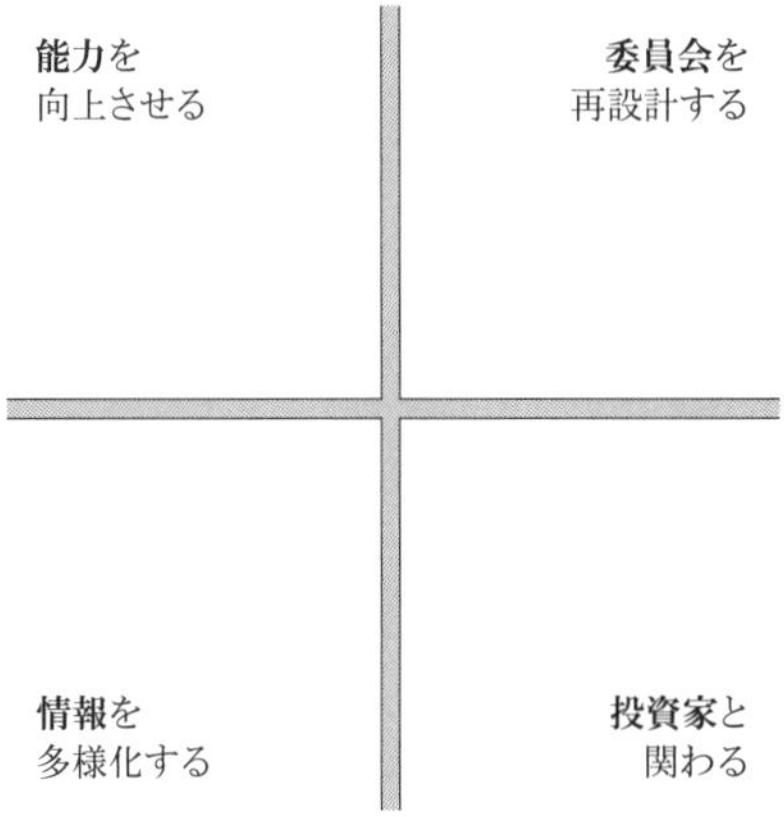

第2部では、取締役会のプレイブック（作戦計画書）について論じる。取締役会が人材・戦略・リスクをマネジメントすることに焦点を移すと、ガバナンスにどんな変化が起こるのかについて1つひとつ示していく（図序-2）。

第4章では、長期的な価値創造を支えるために必要な、新たな取締役会の能力に焦点を当てる。人材は、自社内だけでなく、取締役会の中でも重要である。多くの取締役は、自分が行った誤った意思決定として間違った人を選んでしまった経験を持ち、また、行動を起こすためのさまざまな判断を長年にわたって下してきた。肝心なのは、このような人材の適切な組み合わせと、性別、民族、年齢などの点から公平な構成を実現し、変化に継続的に適応する方法を学ぶことである。第4章では、こうした変化に対応する方法を、順を追って説明する。また、GMやベライゾンなどの企業が、機能しない取締役を交代させるという厄介な問題にどのように対処しているかについても紹介する。

人材・戦略・リスクをマネージするうえで、取締役会の委員会を再編することは不可欠である。第5章では取締役がその専門性を発揮し、取締役としての仕事を行ううえで必要な知識の深さを獲得するためには、委員会による分業が唯一の方法であることを示す。例えば、これまで取締役会は、その最も重要な仕事はCEOを選ぶことだと考えてきた。しかし、必要なときに後継者が確保できている状態にするためには、取締役会はどうやって有能な人材を育成し獲得するかを知らなければならない。ここでは報酬委員会(私たちは人材・報酬・実行委員会として作り直すことを提案する)が、なぜこの責務を担うのに最適なのかを示す。プロビデンス・ヘルスがハイテク界からのイノベーター(disruptor)を戦略委員会に招き入れ、同社をヘルス・データベースの強豪企業へと変貌させた例を紹介する。また、ウェンディーズで臨時に設置した技術委員会が、ハンバーガーのファストフードチェーンをデジタルプレイヤーに変え、新たな受注プラットフォームによって長期的な成長を目指したことも紹介する。

第6章では、取締役会がどのようにすれば得られる情報を多様化できるかについて論じる。取締役会と経営陣との間の情報の非対称性を減らすことは、人材・戦略・リスクを監督するという取締役会の責務にとって不可欠である。GMのメアリー・バーラのような誠実なCEOが、取締役会に対して自分のアジェンダを押し付けることなく、競争市場に関する十分な情報を提供し続けるためにどうしているかを紹介する。また、ディレクターズ・カウンシルのミシェル・フーパーという模範的な取締役が、どのようにして自分自身で情報源を開拓しているかについても紹介する。

最後に第7章では、ビルのプロローグを発展させ、取締役会が、企業にとって最も強力な構成員である投資家とどのように関わっていくかに焦点を当てる。この章では、本書のテーマの集大成として、投資家がどのように長期的に価値を生み出す施策を推進しているかを示し、それが取締役会による人材・戦略・リスクのマネジメントに重要な意味を持つことを論じる。あるアクティビスト投資家が、デュポンのコストベース、資本構造、ポートフォリオを改革することを支援し、長期的な株主価値の向上に貢献した事例を紹介する。また、モトローラが最も悪名高いアルファ・アクティビストと遭遇した際の素晴らしいエピソードも紹介する。

このような考えに基づいて自社のプレイブックを新たに作り直した企業は、自社のオーナーや株主からの期待の変化に対応できている。私たちは本書が、ＴＳＲについてのまったく新しい考え方の基礎を築く一助となることを願っている。新しいＴＳＲを実践することによって、短期的なプレッシャーに屈せず、自社を現在、そして将来にわたって発展させるための課題に集中できる。

第1部

新しいTSR

長期的経営のためのフレームワーク

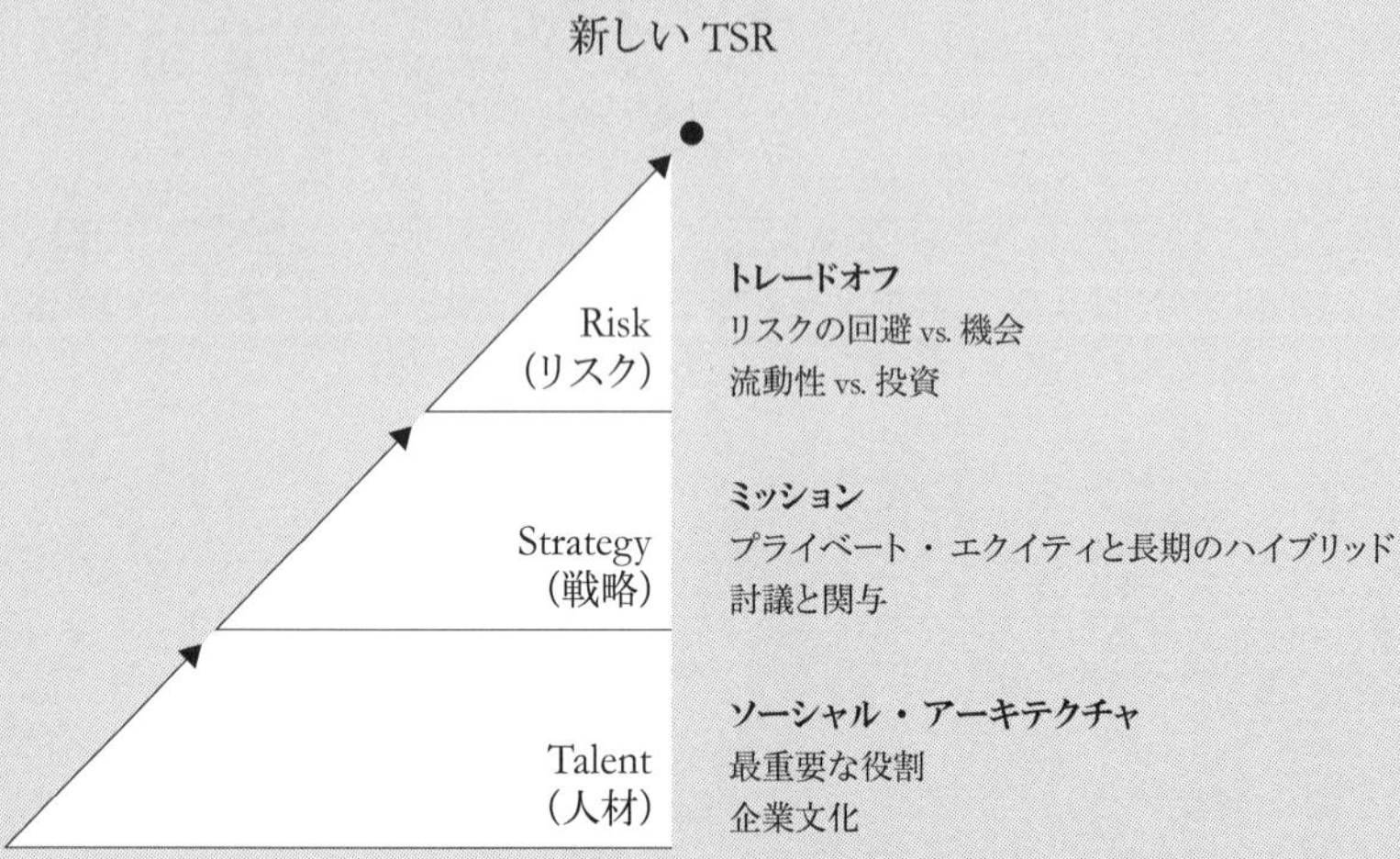

人材・戦略・リスクは、長期的な株主価値を向上させるためにＣＥＯがマネージし、取締役会が監督すべき企業活動の個々の機能要素をまとめて表している。新しいＴＳＲは、短期主義から脱却し、長期へと方向性を切り替えるために取締役会が使えるツールである。取締役会が新しいＴＳＲを正しく行えば、古いＴＳＲは自ずとついてくる。

人材・戦略・リスクの３つの領域は密接に関連している。取締役会は、自社が将来の市場で成功するための戦略を策定・実行するのに適した経営チームを育成しなければならない。そして取締役は、自社の戦略が企業全体を脅かすリスクを軽減し、同時に長期的な価値創造の機会をもたらすリスクを進んで取ることを確認しなければならない。

本書の前半のパートで解説するこの３つの領域を究めることで、取締役会は「自社はどのようにして成長するのか」という本質的な問いに答えることができるようになる。

第1章 人材（Talent）のルール

長期的な価値を生み出す要素の中で、取締役会が議論すべき最も重要なものは人材である。財務目標や戦略よりも、人材、つまり人が企業経営の成否を決める。人材は戦略を策定・実行し、それに伴うリスクをマネージする。人材は新たなビジネスチャンスを創り出す。人材は経営資源を配分する。そして、人材こそが競争優位を持続する責任を負う。企業が競争するのではない。人材が競争するのである。

人材についての検討は、経営の最終責任を負うＣＥＯから始まる。そのため、ＣＥＯを任命し、その在任期間中、監督することは、取締役会の最も重要な責務である。この責務

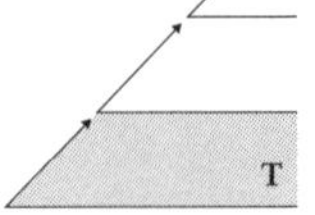

にはＣＥＯのトップチーム（ＣＥＯが最も意見を聞く人々）も含まれる。このチームの人数は25人、またはそれ以下かもしれないが、彼らのマインドセットと能力、仕事に注ぐエネルギーや情報は、ＣＥＯが自社を経営するうえで不可欠である。取締役会は彼らにも注目しなければならない。

賢明な企業はあらゆるところで人材を探している。彼らは、自分の業界にとどまらず、他業界の企業とも人材の獲得を競う。伝統的な大企業は新興企業とも競争している。20年ほど前に、アマゾンのＣＥＯであるジェフ・ベゾスは、ウォルマートの最高技術責任者（ＣＴＯ）を採用した。この異例な採用は、ウォルマートにとってもＫマートにとっても、目が覚めるきっかけになったはずである。２０１９年、ウォルマートは、仕返しに、アマゾンの社員をＣＴＯに任命した。ターゲットやホームデポのような競合企業は、このような動きを予期しておく必要がある。

そのためには、企業は人材に関する情報の流れを常に把握できるようにしておかなければならない。そして、テクノロジーマネジメントやリスク・規制分野における中堅や幹部レベルの人材に関する新たな動向をフォローしなければならない。どんな動向が新たに起こっており、今後どのような動向が現れるのか？　誰が斬新なアイデアを考えているのか？

このような諜報活動は、デザイナーの移籍がニュースになり、瞬時に業界全体に広まるファッション業界では当たり前のことである。企業の世界でもそれが標準にならなければならない。

しかし、このような外部視点を持つ取締役会はほとんど存在しない。マイクロソフトのような非常に優れた企業では、規制担当者を前もって採用し、当局からの次の監視の波に対応できるようにしている。その一方、GE、IBM、フォード、その他のフォーチュン500社のように旧態依然とした企業の人材開発プロセスは、失敗を繰り返してきた。これらの企業では何十億ドルもの投資が行われたにもかかわらず、優れた候補者を自ら育成することができなかった。何が失敗の原因だろうか？

もし人材が取締役会の最も重要な課題になるならば、取締役会には、人材のマネジメントとそれを監督するための新たなアプローチが必要だ。最近まで、多くの企業の報酬委員会は年1回、半日程度開催され、トップポジションの候補者たちの資料に軽く目を通すだけであり、それが委員会としての監督のすべてだった。

しかし、今や根本的な変化を実行すべき時がきた。賢明な企業の取締役会は、毎回、人材について議論している。GMでは、CEOのメアリー・バーラがすべての取締役会の開催前に、人材マネジメントに関する議案を含むエグゼクティブセッション（独立社外取締役のみで行う会議）を開催している。彼女は「取締役会に把握しておいてほしい人材や人

図 1-1　新しいTSR：人材

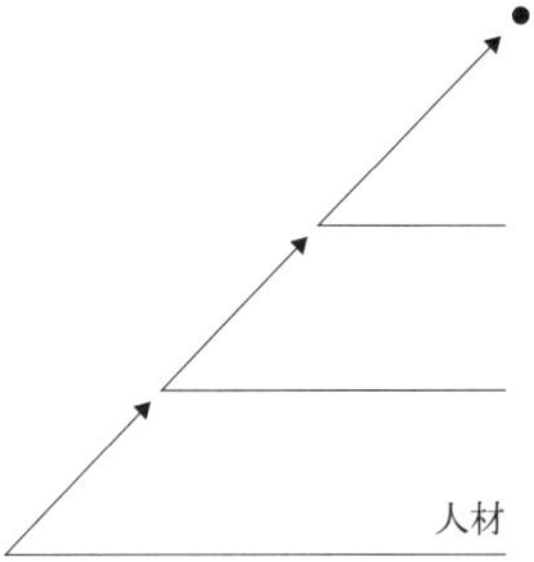

取締役会の構成を改善する
少なくとも2〜3人の取締役が「戦略的に正しい」ことを確認する

取締役会の評価プロセスを実施する
年に一度、5〜7人の「不可欠な取締役」を特定する

取締役会が取り組むべき課題に対応する
価値創造のほとんどを担っている「クリティカル2%」の経営幹部を知る

ダイバーシティ&インクルージョンを進める
多様性を競争優位ととらえる

CEOサクセッションでは候補者を深く掘り下げて調べる
社内候補者を調査すると同時に、外部の人材をマッピングする

CEOの長期休暇を検討する
後継者を評価しながら、イノベーターと会い、学ぶ

人的資本監査（human capital audit）を実施する
M&Aで買収する相手を知る

企業文化監査（culture audit）を実施する
社員全員に行動規範に署名させる

事異動、育成が常にある」と話す。彼女は、年1回、取締役会の議案をすべて人材に関するものとし、ＣＥＯのサクセッションと育成を重点的に取り上げ、また全社の経営幹部ひとりひとりの業績について詳細に議論している。

他の企業も彼女に倣うべきである。企業は、監査と同様に、人材マネジメントの監督を取締役会レベルに引き上げなければならない。まずは、人材の開発を報酬委員会の領域に組み入れ、「人材・報酬・実行委員会」と改称することから始める（第5章参照）。そして取締役会は、経営陣から頻繁に人材についての最新情報を入手し、自身の見解を述べる時間を設けて、取締役会におけるＨＲの議題の存在感を高めるよう強く主張すべきである。

この章では人材を最重要としてきたリーダーたちの教訓を紹介する（図1-1）。

長期のためのＣＥＯ

長期的な価値を創造するうえで取締役会にとって最も重要な仕事は、ＣＥＯと経営チームを選任することである。彼らの能力は、会社の現在と今後の方向性の両方に合致していなければならない。ＣＥＯはただ会社の経営をする人ではない。ＣＥＯは長期的なビジョンを持つ人である。ＷＳＦＳフィナンシャルの前会長兼ＣＥＯであるマーク・ターナーは語る。「ＣＥＯはただの組織のリーダーではない。ＣＥＯはリーダーたちのリーダー、すなわち、組織にとって外部から見たチャンピオンかつ外部への探検家、そしてとどまることのないイノベーターへと成長していく」

まず最初に、取締役会は古いＣＥＯの選任方法を捨てなければならない。現職者が後継指名した人に取締役会がただ頷く、という昔から続くしきたりは終わった。ＣＥＯを選任する際には、候補者が社内か社外かにかかわらず、取締役会が、自社にとって長期的に何が必要なのかを徹底的に追求しなければならない。

このようなニーズに応えるために、取締役会はまず、自社の人材プールについて理解を深めることから始めるべきである。そして、市場に起こりつつある新たな動向をふまえ、今後ＣＥＯに求められる資質を決定する必要がある。さらに、取締役会は、計画的な退職から突然の退任まで、サクセッションの予測のつかない変化を考慮しなければならない。取締役会は以下のように問うべきである。

「当社の次世代の人材はどうなっているのか？　その次の世代はどうなっているのか？当社は5年から10年以内に3～4人の候補者を準備できるだろうか？」

取締役会は後継候補を知り、彼らの成長過程をフォローしなければならない。もし毎年、ＣＥＯが「今後5年間は務める」と言っているのであれば、取締役会はＣＥＯの隣のオフィスにいる後継候補以外の候補者を、社内のより深いところから探し出さなければならない。現職ＣＥＯの在任期間が後継候補よりも長いかもしれないからだ。これが、賢明な企業が人材開発を経営の重要課題の１つとしている理由である。例えば、ＪＰモルガン・アセット＆ウェルス・マネジメントは、毎年夏に１週間、経営チームをオフサイトに連れ出し、人材について丸一日かけて議論する。すべての取締役会は、同じようなミーティングを実施するよう自社のＣＥＯに要請するか、検討すべきである。

このような戦略的な思考が、長期的なマネジメントの成功の鍵である。候補者評価の全プロセスを通じて、過去ではなく未来に向けて考えなければならない。候補者に対する思い込みを捨てなければならない。多くの取締役会は、候補者について「よく知っている」ことと実際の評価とを混同してしまう。ビジネスが激変しているときに、取締役会が他業界出身者であろうとも変革をもたらすＣＥＯ候補者を検討しないのは皮肉なことである。リーダーシップアドバイザリー・ファームのｇｈＳＭＡＲＴのシニア・パートナーであるエレナ・ボテリョは、「取締役会が間違えた決定をするのは、『無難な選択』をした際が多い」と語る。

「よく知っている」は、データではない。正しい方向に進むために、まず社内評価という古い仕組みを捨て去るべきである。私たちの立場からすると、取締役会は新進気鋭の人材に関するデータを得ることなしに、ただ退任するＣＥＯの推薦を受け入れてしまうことがあまりに多い。外部のコンサルタントの力を借りれば、会社が将来何を必要とするかについてより多くの視点を得ることができる。

ＣＥＯサクセッションに成功している取締役会は、将来のＣＥＯの要件を戦略と結びつけている。彼らは一歩引いて、ファクトに基づく分析的な視点から、幅広い候補を検討する。最適な後継候補が「順当な選択」ではなく、意外な人物となることは珍しいことではない。会社に求められる要件をデータに基づいて分析することによって、客観性の高い検討が促進され、外部から課題を指摘される前に、取締役会が意識せずに置いている暗黙の前提に気づくようになる。

ある企業では、ＣＥＯが実際の仕事で直面する可能性のある複数のシナリオを候補者に提示した時、彼らがどう行動するかを試すシミュレーションアセスメントを実施している。シミュレーションアセスメントは、候補者同士の比較も可能にする。例えばヒューマナは、２０１３年にブルース・ブルサードをＣＥＯに選任する前にシミュレーションを実施した。これによって退任予定のＣＥＯと取締役会は、さまざまな候補者が異なる課題にどのように対応するかについて、インタビューのみを実施した場合以上に確かなデータを得ることができた。

長期のための選任を行うには、候補者プールのことをＣＥＯよりもずっとよく知っているであろうＣＥＯの直下の経営チームに話を聞く。ＣＥＯは当然、彼らの副官を自分の後継者にしたがるものである。取締役会には、候補者プールの中で誰がより良い選択肢なのかを理解する受託者としての責任がある。

ＧＳＫでは、２００８年にジャン・ピエール・ガルニエがＣＥＯを退任する際、３人の社内候補者がいた。しかし、取締役会には、ＣＥＯのすぐ隣のオフィスに座っている人物を起用するという明確なバイアスがかかっていた。そこで、私たちの１人（ケアリー）は、3人の候補者すべてと仕事でのつながりのあった14人の社内の幹部を特定し、世界中を飛び回ってインタビューを実施し、３人のうち誰が将来のために最適だと思うかを尋ねた。するとほぼ１００％の人が同じ人物を推薦した。残り2人のうちの1人、アンドリュー・ウィッティである。ウィッティはＣＥＯになった。

これは、すべての企業が社内のＣＥＯ候補者を評価するために採用できるモデルである。ＧＳＫでは、このレビューからのデータが、ＣＥＯからの推薦を受け入れようとすでに決めていた取締役会の決定を変えた。社内候補者と一緒に働いたことのある人たちの声に耳を傾けるべきである。候補者と一緒に仕事をしたことのある親しい同僚や顧客に対して体系的かつ徹底的な聞き取り調査を行う。それによって、ＣＥＯからの推薦という機械的な承継の儀式を厳格な選考プロセスに変えることができる。

社内候補者の誰か1人に決める段階が近くなったら、候補者たちに、彼らが将来の経営課題にどのように取り組むかを示す機会を与える。そうすることにより、変化の激しい世界の中で下した意思決定の質がどうだったかなど、現実世界の情報に基づいて判断することができる。そのやり方の1つは、候補者を社内のさまざまな部署に配置し、彼らの能力を試すことである。それによって、候補者たちが困難な状況下でどのように行動するか、競争上の問題に直面したときにどのように対処するかを観察することができる。それによって取締役会は、次のCEOはどのようにして効果的なチームを構築し、適切かつタイムリーな意思決定を行い、会社を正しい方向に導くかを知っている、と確信を深めることができる。

WSFSのマーク・ターナーは、CEOを退任する直前の3カ月間、革新的な企業と提携する機会を探して出張した。またこの機会を活用して、本命の後継候補の実地テストを行った（出張の詳細については第2章参照）。過去3年間、彼は右腕のロジャー・レベンソンを、商業融資部門の責任者から、最高財務責任者（CFO）、さらにM＆Aを担当する事業開発部門の責任者まで、さまざまな役割を与えてきた。レベンソンは、ターナー直属の部下を束ねる最高執行責任者（COO）になるのが自然な流れだった。ターナーは、その計画を出張に出る直前に実行に移した。

ターナーは語る。「私がいない間、彼は組織を運営した。私の役割を代行して、決算発表の電話会議、毎週のスタッフミーティング、毎月の戦略会議、2回の取締役会を実質的なCEOとして運営し、組織を前進させるために必要なことをすべて行った」。この時期は、3件の小規模な企業買収の交渉とクロージングを行うなど、同社にとって忙しい時期だった。そのため、彼の役割は単なる監督と報告ではなかった。「それは私にとっても、取締役会にとっても、そして本人にとっても、これが彼にできることなのか、彼がやりたいことなのかを判断する手段となった」とターナーは付け加える。

この実地テストで、WSFSのチームの強さと結束力が証明された。ターナーは語る。「これは凝縮された形のリーダーシップのテストであると同時に、私たちがしばらくの間使っていた分散型リーダーシップのテストでもあった。ロジャーと彼のチームは、1つ上の役割を果たし、信じられないほど高い成果を挙げたが、これは彼らがリーダーの役割にすでに慣れていたからだ。権限や責任が突然変わったからできたのではない」

さらに、ターナーがオフィスを離れたことがその他のリーダーの成長にもつながった。「私たちのチームの新しいメンバーであった非常に若いCFOもその間に引き上げられ、通常やる以上の仕事を求められて開花した。私がいたら彼はトップから2段下だったが、今ではあと1段のところにいて、ずっと多くの役割を求められるようになった」

CEO後継候補者の実地テストは、企業の長期計画にとって不可欠なものとなっている。取締役が候補者を生の環境で見ることができる取り組みは、非常に貴重である。候補者はストレスにどう対処するのか？　彼らは責任を一身に背負ったときにどのように成果を出すのか？　そうすることによって初めて、彼らが周囲で砲弾が炸裂しているときにでも冷静に考えて行動できるかどうかがわかる。

CEOサクセッションは「主観的な判断」である

取締役会がサクセッションを誤るとどのような混乱が生じるかについては、過去20年間のフォードの業績を見れば一目瞭然である。好調な業績と市場シェアを誇っていた期間の後、2001年に取締役会は、戦略や企業の価値観をめぐって会長のビル・フォード・ジュニアと衝突したCEOのジャック・ナッサーに退任を求めた。創業者の曾孫であるフォードは、その2年前に取締役会長に就任していた。フォード家が40％の議決権を持っていることから、後継CEOは彼の一存で決定できた。彼は自分がCEOをやることにした。

その後、取締役会がCEOサクセッションに消極的であったために、失敗が相次いだ。生まれながらのCEO資質をもたないフォードは、COOに大きく依存していた。彼と取締役会は5年間で3人のCOOを交代させた。これは経営幹部のポジションとしては非常に高い離職率である。また、彼らは合わせて220億ドルの負債を抱えることになった。フォードはついに取締役会に新しいCEOを雇うように伝えた。

取締役会はホールマークカーズのCEOであるアーヴ・ホッカデイとゴールドマン・サックスの共同社長であるジョン・ソーントンという、CEOの選定に実績のある2人の取締役にその任を委ねた。2006年、彼らはボーイングからアラン・ムラーリを招聘した。ムラーリはベストセラーのジェット機「777」の開発を統括し、戦略を実行に移し、大規模なチームを率いる能力を発揮していた。私たちの1人（ケアリー）がムラーリの評価を行った。

ムラーリが着任しても経営幹部の粛清はなかった。ムラーリが成功したのは、彼が優れたリーダーだったからだ。ムラーリが着任した初日、24人の幹部とのミーティングで「なぜあなたがフォードのCEOになるのか」という質問が出た。彼はこう言った。「みなさんは素晴らしいチームだが、この会社をひどい状態にしてしまった。私はこの会社を、みなさんとともに新たな高みへと導いていくのだ」。8年間の在任期間中、彼はフォードの負債のほとんどを返済し、ジャガー、ボルボ、ランドローバーを売却して会社の戦略的な焦点を絞りこみ、市場シェアを高め、株価を回復させた。彼は2014年に退任した。

しかし、その後数年間、取締役会は自社をどん底に突き落とす過ちを繰り返した。ムラーリが退任したときには、ホッカデイとソーントンはすでに取締役会にはいなかった。取締役会はムラーリが選んだＣＯＯのマーク・フィールズを後継者として指名した。フィールズは有能な経営者であり、彼の下でフォードの利益は悪くはなかったが、売上高は25％減と、業界平均を大きく下回り、株価も35％下落した。取締役会はわずか3年で彼に退任を求めた。

次に登場したのは、家具メーカーのスチールケースでＣＥＯを務めたジム・ハケットだった。職歴からすると、彼を自動車メーカーの経営者として選ぶのは奇妙な選択だと思われるだろう。しかし、フォード家の子孫であり会長のビル・フォードはそうは思わず、誰の意見もほとんど聞かず、きちんとした人材サーチも行わずにハケットを起用した。そして3年後、数十億円の損失と40％の株価下落の後、ハケットは解任された。

フォードの取締役会は、２０２０年末に6年間で3人目となる新しいＣＥＯを選任したが、いまだに戦略が定まっていない。取締役会とその議長は、その最も重要な責務であるＣＥＯの選任、育成、確保に失敗した。取締役会全体で株主価値を毀損し、工場の閉鎖を通じて従業員、サプライヤー、そして地域社会全体の生活を壊したのである。

取締役会が物事を正しく進めることによって、どれだけ違いが生まれるのであろうか。

念入りに検討され、実行されたサクセッションプランの最たる例が、2016年にコカ・コーラが発表したジェームズ・クインシーの選任である。高い成果を挙げていたこのベテランを選んだことに驚く人はほとんどいなかった。しかし、取締役会が彼と次世代のリーダーの育成にどれほど深く関わっていたかを知る者は、外部にはいなかった。

20年前、長年CEOを務めたロベルト・ゴイズエタが急死したとき、コカ・コーラは経営難に陥っていた。ゴイズエタの後任たちはそれほど成功したとはいえず、取締役会が強力だと思っていた経営チームは実際にはそうではなかったことが露呈していた。さらに悪いことに、取締役会はサクセッションのプロセスに関与しておらず、その仕事を現CEOに譲っていた。元上院議員でコカ・コーラの取締役を長年務めたサム・ナンは語る。「物事がうまくいっているときには、自己満足に陥りやすいものだ。強力な経営陣がずっと維持できるのだと思い込んでしまい、そうではなかった、と気づいたときには、もう手遅れだったのだ」

取締役会は、経営者としてのポテンシャルを持つリーダーたちが成長する機会を得られるようにするため、2000年代初頭、投資家のハーブ・アレンを委員長とする経営者開発委員会を設置し、経営幹部ポジションとCEOのサクセッションを監督することにした。この委員会では自社のトップ20ポジションを主な対象としていたが、さらにその数階層下までも見ていた。

委員会のメンバーは、現ＣＥＯであるムーター・ケントに、「世界中の有能な人材を知りたい」と伝えた。ケントは委員会に毎回リーダーを１人出席させ、委員会がその人の事業について議論したり、その人の地域について質問したりするようにした。「私は地域の政治情勢の変化や紛争の可能性について、その人がどう考えているのかを知りたい、といつも思っていた。コカ・コーラが何本売れたか、ということを越えた物事をその人がどれほどとらえているのかを評価しようとした」とナンは語る。

委員会はまた、リーダーたち、そしてその中に含まれるＣＥＯの候補者たちに実際に会うために、時には丸一日かけて現場を訪問することも始めた。彼らが本社を訪問に来るときには、彼らがその上司たちとどのように関わるかが見えたが、現場訪問では、彼らが自分の部下たちとどのように関わっているかを観察することができた。ナンは語る。「あらゆるものを中断したり変更したりするリーダーは、部下を信頼していないか、自分のエゴを抑えられないかのどちらかだ」

このプロセスを通じて取締役会は、ケントが退任予定の数年前に、少人数の候補者をじっくりと見極めることができた。特に重要だったのは、経営者開発委員会、取締役会、そしてＣＥＯとの間の相互のやり取りであった。自分のお気に入りを押し付ける人はいなかった。「候補者面談を続けるなかで、ケントが『後継者はこの人だ』と言うことは決してなかったし、ほのめかすこともなかった。むしろ、すべての関係者がそれぞれに、リーダーを特定し、そのポテンシャルを評価する判断を重ねていったのである」とアレンは語る。

取締役会が「これぞ」と思う候補者を見つけると、ケントはその候補者を支援するようになった。会社は生き物であり、リーダーは会社を変化させる能力がなければならないというのがケントの考えだった。「そこで候補者たちに新しい役割を与え、どう適応するかをテストした。新たなポジションを作って異動させ、うまく行かなければすぐに代えた」と彼は語る。例えば、彼は2名の候補者を、現職よりもはるかに複雑な新しい役割に昇格させた。そして2年後には、どちらの候補者もCEOの役割にはふさわしくないと結論づけた。

当時、ケントの退任は2年後に迫っており、候補者リストは不足していた。そこで取締役会は後継CEOの必須要件に焦点を当てた。飲料ビジネスの特徴の1つは、それぞれが数十億ドル規模のビジネスを展開しているボトラーが中心だということである。そのため、CEOの主要な要件の1つは、ボトラーに影響を与えるような正しい経歴、信頼、豊富な知識を持っていることである（これが取締役会が社内候補者を好む1つの理由である）。ボトラーが投資してくれなければ、コカ・コーラのビジネスは成長しないからだ。

この要件は、ジェームズ・クインシーを後任に選ぶにあたって最重要なものとなった。ケントが初めてクインシーに会ったのは２００５年のことで、当時クインシーはコカ・コーラのラテンアメリカグループの社長としてアルゼンチンにいた。ケントは、経営者開発委員会の承認を得て、クインシーをメキシコに異動させた。「そのときから私は実感を持ち始めた」とケントは語る。「私がメキシコを訪れるたびに、ボトラーが喜び、お客さまが満足し、結果が出ていることを見ることになった」。２０１３年には、クインシーはヨーロッパ事業を運営するようになった。

コカ・コーラは、栄養や健康に関する考え方の変化など、環境の変化に迅速に対応できる人材も必要としていた。ここでは、ナンがクインシーを直接観察していたことが非常に役に立った。「クインシーがあるボトリング工場を案内してくれ、私たちが従業員たちと話をしていたとき、私は彼の中に現実を直視しようとする意思を見た」とナンは振り返る。非常に長期間成功を収めてきたブランドを持つ会社にとっては特に、「今こそ次の成功を実現する新たな製品が必要だ」と考える能力は不可欠である。

経営者開発委員会と取締役会の同意を得て、ケントはクインシーを社長兼ＣＯＯに任命した。最後のテストである。彼は、新製品についての賢明な判断を下し、戦略的に考え、有能な人材を発掘し、そしてリーダーとして行動できることを示した。２０１６年12月、取締役会は彼を次期CEOに選任することを発表した。

アレンは次のように振り返る。「私はこれまでに5回、CEOサクセッションに関わってきたが、これが今まで見てきたなかで最も優れた選任プロセスだった。必要なデータはすべて揃っており、最高の判断を下すことができた」。このプロセスは、自然で、厳格で、そして何よりも、忍耐強く、よく考えられたものだった。特に、取締役会がこのプロセスを正しく進めようと何年も打ち込んだからこそ、この計画は成功したのである。

CEOを軌道に乗せる

CEOの業績を監督する役割を担う取締役会は、CEOのリーダーシップがぐらつく兆候、特に短期志向に陥らないかに注意し、それを前もって予測しなければならない。通常、CEOは、前後6カ月を見るのは優れている。しかし、それは長期思考ではない。これを取締役会はどのようにチェックすればよいのか？ それには、損益計算書上の異常を確認する。経営陣はアナリストに対して目標数値を達成したと見せるため、マーケティング費用を当四半期から次の四半期に移してないか？ 次の四半期の売上を当四半期に変更していないか？ 将来のために必要な投資を見送ってないか？ 幹部レベルの人材を解任しなければならないのにそれを避けたり、合理性を欠く買収を検討したりしていないだろうか？

これらはすべて赤信号である。

そのような時こそ、取締役会は何が起きているかを察知して介入し、助言を与えるべきである。例えば計画の実行が失敗した場合や、自社が計画を超える借金をした場合には、ＣＥＯに真実を話すように促す。保険サービス会社ＴＩＡＡのＣＥＯであるロジャー・ファーガソンは語る。「当社の取締役会は、監督よりもコーチとしての役割を果たそうと考えている。そのためにＣＥＯ以下の階層にもっと関与し、各取締役会の間の期間により多くの非公式なコミュニケーションを取り、より多くのデータを取ろうとしている」

賢明な取締役会は業績評価のやり方を変えつつある。従来の一般的な方法は、20問程度の質問に対し、取締役が１〜５段階で評価することでＣＥＯを評価していた。その後、ガバナンス委員会の委員長がＣＥＯと面会し、集計結果を書面によるコメントとともに伝える。これは、ＣＥＯにとっては多くの場合不快で、極めて効果がないプロセスである。

より良い方法は、独立取締役が、ＣＥＯがどのように業績を向上させることができるかについての提案のリストを作成することである。そして報酬委員会の委員長と委員の代表者が、これらの提案をＣＥＯと議論する。議論する提案は、洞察に富み、建設的なものでなければならない。例えば「ＣＦＯは良い人だが、その役割を再考すべきかもしれない」

などである。このメッセージは、ＣＥＯがＣＦＯを解雇しなければならないということではなく、ＣＦＯがうまく機能していない、もしかするとＣＥＯの盲点となっているかもしれない、ということを示唆している。こうすることによって、ＣＥＯがＣＦＯと有益な議論ができるよう事前にコーチすることができる。

他にも、プロジェクトに関する判断、外部の動向や外部との関係性、投資の不足、人事に関する懸念、顧客の問題、新しい規制に対する油断など、取締役の観察は多岐にわたる。このような観察のフィードバックは、ＣＥＯにとって恩恵となる。ＣＥＯが求めるのは、親しみが感じられ、対等で、独立しているがパートナーシップのようなアドバイスである。

ＣＥＯの将来に関する決定を、業績とは無関係な要因に基づいて行ってはいけない。例えば、取締役会は社会的な組織でもあるため、ＣＥＯの交代は一筋縄ではいかないこともある。その結果、愛想はいいが能力は平凡な人材がＣＥＯにとどまることがよくある。ＣＥＯと取締役が友人で、ＣＥＯが取締役に優しくしてきた場合は、取締役会がＣＥＯを交代させることは非常に難しく、強靭な精神力が必要となる。

それが難しいかどうかにかかわらず、自社のＣＥＯが非難されている状況にあるならば、取締役は、公の場ではＣＥＯについて正直に話すのが最善の策である。ＣＥＯを全面的に信頼していると言っておきながら、３カ月後にその人を解雇すべきではない。それによって取締役会や会社への信頼が失われることになる。苦境に立たされていた航空機メーカーのボーイングでは、会長のデビッド・カルホーンが当時の現職デニス・マレンバーグを支持すると表明した後、数週間で自身がＣＥＯに就任したことがあった。

取締役会は、困難な選択を前に萎縮したり、恐怖心から人事を行ったりしてはいけない。ディレクターズ・カウンシルのＣＥＯであり、ＰＰＧやユナイテッドヘルス・グループの取締役でもあるミシェル・フーパーは語る。「ＣＥＯの椅子に座る人を選ぶのは、常に信頼に基づく賭けである。しかし、十分な調査や検討を行い、時間が経てば自分の判断が正しいと証明される、と幸運を祈るのだ」

経営チームを作る

20〜30年前に比べて、全社的な人材育成はＣＥＯの責任の中ではるかに大きな部分を占めている。自社はＣＥＯがこの責務を果たせる組織だろうか。取締役会はそれを確認することで、ＣＥＯを支援できる。もし人事の責任者がＣＥＯの直属の部下でなく、社内で最も高い給料を得ている2〜3人のうちに含まれていないなら、それは人材育成を重視しているとはいえない。

最高のＣＥＯは、経営チームのメンバーを自分のパートナーとして見ている。私たちの１人（マクナブ）は、新しい経営チームのメンバーを歓迎する際にこう言っていた。「おめでとう。あなたの昼の仕事は私と一緒にバンガードを経営すること。あなたの夜の仕事は人事部（またはその人がリーダーとして採用された部門）を率いることだ」

そのような理由から、ＣＸＯ以下の層の人材についても、取締役会の主要な焦点とすべきである。『タレント・ウィンズ――人材ファーストの企業戦略』（ラム・チャラン、デニス・ケアリー、ドミニク・バートン著）にもあるように、取締役会の最も重要な任務は、企業の価値創造の大半の取り組みをリードする重要な「クリティカル２％」（大企業の場合は「クリティカル２００」）人材を特定し、育成することである。これらの人々の仕事とビジョンが、会社の戦略と方向性、成功を決定する。成功する組織が伸びるのは、これらの重要な人材がいるからである。

ＣＥＯと同様、取締役会も自社全体の人材を評価するうえで将来志向であることが求められる。投資会社トライアン・パートナーズの創業パートナーであるエド・ガーデンは、報酬委員会は主に企業のトップ20人の役員を対象にするが、トライアンが投資する企業は従業員が5万人、10万人、30万人という規模である、と語る。「最高の人材を惹きつけ、真の人材を見極め、彼らを昇進させ、無限の可能性を与えることを、組織全体でどう実現するのか？　誰が彼らを育成しているのか？　それを取締役会のレベルでどのように行うのか？　どのコア・コンピタンスがこれからも必要なのか？　どんな新しいコア・コンピタンスが必要になるのか？　その間、どのようにして移行するのか？」

多くの育成プログラムが失敗する原因の1つは、それが過去と現在の成功を教え、それらを肯定するよう設計されており、競争上の新たな課題に対応するよう経営幹部を準備させるものではないことである。そのため、経営陣や取締役会は、将来のあるべき姿ではなく、自社の現在に基づいて必要な人材を評価してしまっている。企業に求められることが変化しているのであれば、取締役会は、将来必要となるスキルや経験を特定しなければならない。そして、現在のリーダーたちが新しい考え方や組織運営に移行できるかどうかを問わなければならない。

賢明な企業は、このような判断を下すために新しい手法を採用している。新興企業の中には、候補者の業績や行動を評価するために短時間の双方向でのシミュレーションを実施しているところもある。また、技術系の人材を多く採用する企業では、従来の採用手法では見逃してしまうようなハイパフォーマー（例えば、外国に住んでいる人）を特定するために、公開のコンペティションを利用するケースが増えている。グーグル、マッキンゼー、コーン・フェリーなどの大手企業は、パフォーマンスアナリティクスに投資して、スポーツチームが特定のポジションで高いパフォーマンスを発揮する可能性のある選手を見出すために使用して大きな成功を収めているような、予測型の人材アルゴリズムを開発している。

その他、旧来型の業績評価を廃止しているところもある。例えば、現在普及している360度評価は、部下、同僚、上司からのフィードバックに加えて自己評価を行うものだ。しかしこれは社内的な視点からの評価であり、幹部が1つ上の職務でどのようなパフォーマンスを発揮するかを予測するのには適していない。私たちは450度評価を薦める。360度に加える最後の90度評価は、中立的な立場の人がその幹部についてのデータを秘密裏に収集し、会社の今後数年の戦略を推進し、大きな課題に取り組み、目標を達成するために、その幹部がどのようなパフォーマンスを発揮するかを予測するものである。

危機の時代にはビジネスが変化するスピードも速いことを考えれば、スキル開発は人材関連の予算の中で最も大きな割合を占めることになる。企業は、トレーニングの取り組みの一部は現在に、その他の取り組みは将来に向けて行うべきである。それぞれの予算は別々に設定されるべきだ。CFOとHRの責任者が協力して、適切な配分額を決めるべきである。

必要があれば、取締役会はリーダー開発関連の予算が適切かどうかについて説明を求めるべきである。GEは、リーダーたちに成長する機会を与えず、会社の長期的な成長機会を犠牲にした。単に予算の金額だけでなく、予算がどのように使われ、それがどのようなリターンを生むのかについての、トレーニングと育成のためのフレームワークを提示させるべきである。

戦略と同様、リーダーシップの特性は各企業固有のものである。ＷＳＦＳのターナーは語る。「リーダーとしてのある種の資質は、すべての組織に共通するものがある。しかし、組織の文化やスタイルによって、ＷＳＦＳで良いリーダーになることと、シティバンクで良いリーダーになることとはまったく違う可能性がある」。そこでＷＳＦＳは、自社で成功するリーダーになるためのプログラムを開発した。マネージャーたちは、一般的なリーダーシップスキルだけでなく、会社が競合とどのように違うのかについても学ぶ。

将来に備えるため、優れた取締役会は、業界の人材についての最新の動向を常に把握している。例えば、自動車業界では、機械工学系の人材からソフトウェアや電気工学系の人材へと優先度がシフトしている。その結果、ＧＭの取締役会は製品開発責任者とセッションを行い、ビジネスの変化に合わせた人材の採用方法について話し合った。このようなセッションで重要なのは、プレゼンテーションすることではなく議論することだ。ＣＥＯのメアリー・バーラは、業界動向に関する情報を取締役会に事前に共有して準備させておく。そのようにして、彼女は経営幹部たちが取締役会とやり取りする機会を設けるようにしている。

従業員層を確保する方法の変化は、人材に対する訴求にも影響を与えている。取締役は、テクノロジーから生じる戦略の破壊的な変化だけでなく、企業が数世代にわたる従業員に対応する際、人口動態の大きな変化についても考慮する必要がある。ベビーブーマーが退職し始めると、企業は異なるスキルやマインドセットを持った新しい人材を受け入れる必要がある。そのため、取締役会は、長期的な戦略を監督することに加え、戦略を実行するための人材プールをどのように築くかにも焦点を当てなければならない。

このような変化によって、人材の議論は取締役会にとって最も重要なものとなった。年に一度、経営者開発プログラムについて議論するだけでは十分ではない。取締役たちは、5年後の会社の姿を議論する必要がある。そのための戦略はどのようなものか？　どのような人材たちが必要なのか？　多くの場合、必要とされるのは、異なるスキル、異なるエネルギー、異なる企業文化である。

取締役会は、経営陣に、経営者開発プログラムを評価し、昇進させれば自社に変化を起こせる人材をどれだけ特定できているかについての分析結果を報告するよう求めるべきである。バンガードの元CEOジャック・ブレナンは、取締役会によるこのような監督を身をもって経験した。彼がバンガードを経営していたとき、技術責任者が急死した。彼は取締役会に「新しい責任者を社外から探すつもりだ」と説明した。するとある取締役が、バンガードのインターネット部門を担当していた人物はどうかと言った。その人は31歳だとブレナンは穏やかに異議を唱えたが、取締役はこう返した。「君が31歳のとき、君は会社全体を経営していたね」

現在のブレナンは語る。「私はその時、31歳の若者に会社の3分の1を任せるだけの頭脳も勇気もなかった」。取締役会は、経営者が人材についての難しい判断に迷っているときに、それを支援することができる。この話には後日談がある。この若いＩＴリーダーは、約20年後にビル・マクナブの後を継いでバンガードのＣＥＯとなるティム・バックリーであった。

人材を異動させる手法で私たちが薦めるものの1つは、主要なマネージャーたちをさまざまな異なる役割にローテーションさせることで、経験の幅を広げ、学ぶ力を向上させ、自分の持つ専門性を新たな環境で活用させる方法である。適切に運営されれば、このマネージャーたちの人材プールは新しいチームリーダーの供給源となる。しかし、1つひとつのローテーションには、2年以上の期間が必要である。3年から4年と十分な期間をかけるなかで、対象者となったリーダー前の人材が本物の成果を挙げ、より大きなスケール、より複雑なレベル、また、より重い責任を担えるマネジメント能力を身につけたと示せるようにしなければならない。

ジョブ・ローテーションを採用ツールとして提示し、若手社員を使ってこの考えを訴求する企業も存在する。GMでは、新入社員がさまざまな分野を経験する2～3年のプログラムに参加できる。GMのような大企業でこのような機会が得られることを若手社員が評価すると知っているGMは、新卒採用活動で過去5年以内に大学を卒業した社員を活用している。

取締役は、有望な新人の成長を見守っていく必要がある。自社内の人材を知るには、経営陣が企画する新人歓迎会のようなイベントを超えた、思い切った取り組みが必要だ。例えば、企業はしばしばアナリスト・デーを開催し、次世代のリーダーや主要な経営幹部を紹介する。このようなセッションは、時には役に立つこともあるが、もっと工夫することが必要だ。ここでのプレゼンテーションの多くは非常に洗練されており、台本もしっかりしているため、組織で何が本当に起こっているのかまでは知ることはできない。

その代わりに、取締役が主要な社員と直接、非公式に時間を共にすべきである。ピツニーボウズの元取締役であるボブ・ワイズマンは、毎回の取締役会の前に社員2人と朝食をとるという方針を打ち出した。取締役と経営陣が長いテーブルに座って行うフォーマルなディナーは、プレゼンテーション向きだが会話は散漫になる。それよりもワイズマンはこの朝食の方が良いと考えている（ベライゾンの元CEOであるアイバン・サイデンバーグは、長いテーブルではなく円卓を使うことにこだわっていた)。

現場訪問は、取締役が数階層下の社員に会い、将来のリーダーとなる可能性の高い人々を知るうえで特に有効である。多くの取締役会は、従業員エンゲージメント調査を利用し、リーダーたちがどう責任を果たしているかについて、自社のより下位層の社員の評価を調査している。賢明な取締役はオフィスを離れ、経営陣を気にせずに自社の組織の中に入っていく。そうすれば、彼らは、実際には何が起こっているのかをよりよく把握することができる。

このような機会を利用して、質問をするだけでなく、従業員にも質問させるべきだ。ユナイテッドヘルス・グループの取締役であるミシェル・フーパーは、このモデルを使って従業員向けのタウンホールミーティングを運営してきた。「従業員は発言を求めて出てきて、とんでもないことを聞いてくる」と彼女は言う。「私は、自社の特定の個人や戦略についての質問でたじたじとなる。いつも最後に十分な時間をとって『何か他に聞きたいこと、言いたいこと、話したいことはない？』と聞く。それによっていつも、議題にはないが、社員が組織やリーダーシップについて何を考え、どう感じているかについて知ることができる」

非公式な場では、取締役は、ＣＥＯから自社の人材についてより率直な見解を得ることができる。その目的は、ゼロから経営チームを組成するにはどうするかについて、自由な意見交換を促すことである。そのようなミーティングでは書類を出し入れすることもなく、ただ会話をするだけである。また、できればボードルームではなく、ディナーを食べながら行うのが良い。なぜなら、会話がフォーマルになった瞬間にＣＥＯは経営チームを守る姿勢になるからだ。

タイコ・インターナショナルの人材を評価するために、元ＣＥＯのエド・ブリーン（現在はデュポンの会長兼ＣＥＯ）は部門長との夕食を設定し、彼らに日々のオペレーションを担当する自分のスタッフ数名を一緒に連れてくるように頼んだ。それから、１つの現場をそれぞれ３～４人の取締役が訪れるよう決め、その部門の経営陣や現地の従業員と一緒に１日を過ごさせた。取締役たちはその前夜に現地の１５０人の従業員たちと夕食を共にし、彼らがどれだけ会社の目標に本気になって取り組んでいるかを確認するのだ。

外部の人間からの情報は、経営陣についての洞察を得たり、将来の業績を予測するのに役立つ。顧客向けのイベントで投資家と話してみよう。外部の世界が自社の人材をどう思っているのか、誰が困難な状況で優れた能力を発揮するのか、を感じ取ることができる。会社が安定しているときに優れたパフォーマンスを発揮する人材が、変革の時代のリーダーに最も適しているとは限らない。

トップ人材が国内人材であれ海外人材であれ、賢明な取締役会は経営チームのトラブルを未然に防ぎ、長期的な軌道に乗せていく。取締役会を、CEOより下のレベルの重要なプレーヤーのパフォーマンスを評価し、関与する準備をし、コーチングを提供する機会として使うべきである。1つの成功例は、米国の南西部にある90億ドル規模のメーカーの取締役会が、通常の取締役会の後に実施する1時間のエグゼクティブセッションである。このエグゼクティブセッションで主要な経営者の貢献度について議論した結果、次のようなことがわかった。

- 製造部門の責任者は手を広げ過ぎていて、十分な成果を出せていない。彼は目の前のオペレーションに集中しており、5年後の計画を立てることができない。
- 主要ビジネスユニットの責任者は、飛躍的な成長のポテンシャルがあることが見えていない。何が100億ドル規模のビジネスになるかを見られる、より広い視野を持った人材が必要だ。
- 買収先を見つけようとしている担当者たちは、サービスの領域を見逃していた。

この結果をうけて、半年後の取締役会へのプレゼンテーションは、より明確で、簡潔で、より要点を絞ったものになり、経営チームの協力体制が強化されたことが示された。

正しい人材の確保——報酬、ダイバーシティ、そしてサステナビリティ

取締役会は、その監督の一部として、報酬制度が公正に検討され、実施され、必要な人材が確保できるよう調整されていることを確認しなければならない。

ＣＥＯの報酬を管理するうえで、ＣＥＯの報酬が常軌を逸したものになっていないかどうかを確認するのは、取締役会の責任である。報酬パッケージが複雑であればあるほど、適切なバランスを取るのは難しくなる。ウォーレン・バフェットは次のように述べている。

私はある有名企業の取締役を務めていたが、ＣＥＯのストックオプションが過剰だった。15年間、さまざまなかたちで付与されていた。そして、取締役は特にそれを明示的に承認していなかった。そのＣＥＯは決して大金持ちではなかったが、自分はこの国で最高のＣＥＯだと思っており、それに見合った報酬が支払われなければ、正当に評価されていないと感じていた。実に人間的な欠点だ。私は、適切なＣＥＯを選任することは、報酬よりも10倍以上重要だと思う。しかし、非常に有能な経営者であっても、行き過ぎた行為に関しては、株主を代表する人物が取締役会で物申さなければならない。

コンサルタントは、競合他社の水準を参考にして報酬水準を設定する手助けをしてくれるが、彼らができるのはそこまでだ。会社に特別な関心を持ち、ビジネスに精通したオーナー志向の取締役が必要である。それによって初めて、ＣＥＯの報酬が常軌を逸しているときに報酬委員会の誰かが声を上げることができる。

先進的な企業は報酬を、未来を築くための取り組みに結びつける。取締役会の役割は、経営陣が採用とリテンションについて、常に長期的な視点を考慮するように求めることである。ある経営幹部が主要事業の将来の発展に欠かせない存在である場合、取締役会は経営陣に対して「彼女は自社が10年とどまることを望んでいる人材だが、十分な報酬を支払っているのか？　あなたがた経営陣は、彼女のためにできることを十分やっているか」と問いかけなければならない。

大企業では、部門ごとに報酬レベルを変える必要があることもある。ＧＭが自動運転車開発を手掛けるクルーズを買収した２０１６年当時、クルーズの従業員は40人ほどだった。それが今では約１１００人。ＧＭクルーズの報酬構成はＧＭの他部門とは異なる。その仕事や研究の内容から見れば、ＧＭクルーズはトヨタやフォルクスワーゲンだけでなく、グーグルやフェイスブック、アマゾンとも競争している。そしてＧＭクルーズは、シリコンバレーのすぐそばに位置している。ＧＭクルーズへのソフトバンク・ビジョン・ファンドとホンダの出資を契機として、ＧＭはＧＭクルーズの株式を発行し、従業員に対して報酬として支払うことにした。

社員の新たな好みに報酬構成を合わせる準備をしておくべきである。ＧＭは、ミレニアル世代にとって、福利厚生は給与と同じくらい重要であり、どこでどのように働くかということも同様に重要であると気づいた。そのため、同社は定期的に報酬プログラムのベンチマークを実施し、最も若い従業員層の好みに合っているかどうかを評価している。

人材を陳腐化させず、彼らが仕事に意欲を持ち続けられるようにすべきである。ＷＳＦＳのターナーは自分が退任直前に実施したように、人材のリフレッシュ施策の一環として、すべての企業が、3～5年ごとに経営幹部に長期旅行をさせることを薦めている（第2章参照）。彼は、まずＣＥＯから始め、その後、他の経営幹部に充電の機会を与えるよう助言する。私たちは皆、異なる視点から世界を見ている。旅行で得られたＣＥＯの洞察は、人事の責任者や最高技術責任者の洞察とは異なるものになるだろう。

多くの取締役は、企業が人材プールの多様性を確保するために、もっと努力すべきであることを知っている。ある大企業の１人の経営幹部が、その経営陣に対して、社員の性別や人種を組織の深いレベルまで分析するよう依頼した。結果は残念なもので、自社と、そして従業員にとっても悪影響を及ぼすものだった。その経営幹部は問いかける。「もしバイスプレジデントのうち、黒人が1・5%だけだとしたら、その企業は最高の人材を見出していると言えるだろうか」

このようなことも含めて、企業はダイバーシティに関する採用方針すべてを再検討しなければならない。バンガードでは、私たちの1人（マクナブ）が、長年務めたゼネラルカウンセル（法務担当役員）が退職したため、後任の採用を検討していた。私たちは、特にビジネスのグローバル化が進んでいることを考慮して、より幅広い範囲で人材を社外から探す必要があると考えた。人材サーチ・ファームのスペンサー・スチュアートに相談したところ、しっかりした候補者を何人か提案された。しかし、全員が白人男性だった。資産運用ビジネスは、決して多様性に富んだものではないことの表れだ。

私たちは最終的に「この仕事に適任で、多様性のある候補者を示してくれるまで、採用はしない。それができなければ、そのポジションは空席にしておく」と言った。スペンサー・スチュアートは結局、黒人の素晴らしい女性を含む良い候補者たちを見つけてきた。私たちは、彼女をニューヨークからフィラデルフィアに呼び寄せることができた。採用には計画より4カ月も長くかかったが、彼女のおかげで、私たちは、このやり方でやらなかった場合よりも、はるかに良い状態になった。誤解のないように言っておくと、彼女が採用されたのは黒人だったからではない。私の頭の中では、彼女はその経験と可能性ですべての候補者を圧倒したのである。私たちが得た教訓は、多様な人材の確保にこだわったからこそ、彼女を見つけることができたということである。

人材は社会のあらゆる分野に存在する。当然、ダイバーシティは採用の中心にあるべきであり、改めて価値創造の手段だと証明する必要はない。ダイバーシティを実現するには、企業は採用の大前提を変えなければならない。つまり、採用担当者は、単にポジションが空いたときに最適な候補者を探すのではなく、優秀な人材をキャリアの早い段階で特定するように選考プロセスを変えなければならない。例えば、ポジションが空くまでゼネラルカウンセルを採用するのを待つという通常のプロセスではなく、いよいよ彼らを選任しなければならないというタイミングよりもずっと前に、人材層を掘り下げて人材の原石を見つけるというプロセスにシフトしなければならない。

取締役会は、ＣＥＯが提示してきたものに反応するのではなく、そのニーズに先んじて確実に対応するために、マインドセットを変えなければならない。広角レンズで人材を見るのだ。取締役会は、法的に求められる性別、民族、年齢の多様性だけでなく、思想、地域や経験の多様性も確保する必要がある。従来とは異なる人材プールを利用する。無意識の偏見やアルゴリズムに組み込まれた偏見に注意すべきである。

ダイバーシティとは、装ったものではなく、本質的なものでなければならない。JPモルガンのメアリー・エルドスは語る。「ダイバーシティのためのダイバーシティでは何も得られない。年齢、経験、業界の多様性から生まれる思考の多様性こそが、最も価値のあるものである」。このような外部視点があるからこそ、人々はいわゆる「馬鹿げた質問(dumb question)」をすることができる。「それは決して馬鹿げたものではないのだ」とエルドスは語る。

自社の女性社員が過小評価されており、より大きな役割をさまざまな部門で果たすべきだと考える企業が増えている。多くの米国企業に勤める経営幹部レベルの女性は人事部門に集中し、しばしばその最高のポジションを占めている。2019年には、フォーチュン100社のうち58社の最高人事責任者(CHRO)が女性であった。CHROが会社の将来の計画に深く関与するケースは増えている。しかし、人事機能は他の経営幹部に比べてやや軽い役割であり、経営幹部の他のポジションとはちがうと、一般的にはいまだに考えられている。

賢明な企業では、経営幹部レベルの女性の活躍の場を広げるために、CEO、CFO、CHROのパートナーシップである「G3(Group of 3)」を編成している。G3は四半期ごとに戦略の優先順位づけや経営状況のレビューを共同で行い、その間も頻繁にコミュニケーションを取る。この緊密な協力関係は、人的リソースと財務リソースの配分を組織全体で連動させ、戦略とその実行を大幅に改善する。

この同じ考えが組織の下位層でも適用できる。人事リーダーは、事業部門のリーダーと密接に協力し、幹部レベルの女性の配置、採用、学習・育成を改善するよう支援することによって、より幅広いスキルを獲得できる。このような取り組みはすべて、上場企業の取締役を務める可能性のある人事リーダーを特定するのにも役立つ（第4章参照）。

GMでは、すべての取締役会にダイバーシティの要素が盛り込まれており、ある会議では女性、別の会議では非白人、次の会議では米国外の人材といったように、問題の特定の側面を深く掘り下げている。また、経営幹部が海外の工場に出張し、取締役たちが同行する際には、いつも現地のリーダーと面談できるようアジェンダが設定されており、そこで取締役たちは、新進気鋭の人材に会えるようになっている。

サステナビリティと社会的責任という新たな目標は、人材にとっても重要である。サステナビリティをフィランソロピーの一部として推進する企業もあれば、ユニリーバのように、サステナビリティが自分たちの存在意義を定義するという企業もある。多くの企業はその中間に位置している。しかし、オグルヴィ＆メイザーの名誉会長兼元ＣＥＯであるシェリー・ラザラスは、ユニリーバ側へのシフトについて語る。「コミュニティや自社の支持者、従業員がミレニアル世代であればあるほど、この問題はより重要になる」。ミレニアル世代にとってこの問題は本当に重要であり、無視することは危険である。ミレニアル世代は、どの企業が良くてどの企業が悪いのかについて、強い意見を持っている。彼らは、どの会社に入るか、今の会社にとどまるかを決める際に、この判断軸を活用する。

ユニリーバは、サステナビリティに対する自社の方針から成果を手にしている。その「サステナブル・リビング・プラン」は、ミレニアル世代を強く惹きつけている。人材は希少であり、ミレニアル世代はユニリーバを、パタゴニアに次いで世界で2番目に良い会社として支持している。

しかし、すべての人が、最終利益がサステナビリティの取り組みの究極の目的だと考えているわけではない。ゼロックスの元CEOで、現在はジョンソン&ジョンソンの取締役を務めるアン・マルケイヒーは語る。「サステナビリティや社会的責任は、株主価値と矛盾するものではないが、企業の社会的責任を財務リターンの観点から議論すべきではないと私は思う。それは従業員への価値訴求として極めて重要であり、広くさまざまな従業員たちが期待を寄せるものになってきている。それは確かである」（サステナビリティについての詳細は第2章参照）

企業文化を見守る

企業文化は、人材の方程式（the talent equation）の本質的な部分である。企業文化とは、自社のビジネスの行動様式である。それは行動に影響を与え、人材を形成する。しかし、企業文化は固定的なものではない。企業文化は、新たに参画した人々によっても影響を受ける。

企業文化の問題によって引き起こされる影響は、会社全体に広く及ぶ。ウェルズ・ファーゴ、エンロン、フォルクスワーゲン、ボーイング、そして多くの組織に影響を与えているMeToo運動など、近年の大企業の失敗の多くは、単なるリスクの見過ごしではなく、価値観がずれていたり、間違ったことが報われたり、不正行為を報告することを恐れたり、躊躇したりする企業文化から生まれている。バイオ医薬企業であるアッヴィのＣＨＲＯ、ティモシー・リッチモンドは語る。「企業文化はすべての中心にある。それは、ものを盗むか、会社の評判を落とすか、または、それを気にとめないか、という選択を社員がするかどうかを決める。企業文化はプログラムではない。企業文化とは、あなたが日々行っている行為の反映である。あなたがどのように関わり、どのように反応しているか、である」

企業文化が健全であることを確かめるため、すべての企業の取締役は企業文化監査（culture

audit）を実施すべきである。そして、それをうまく行うには、取締役は現場に出なければならない。ボードルームの中よりも、現場を訪問した方が企業文化についてずっと多くのことが学べる。これが歩き回ることによるガバナンスである。これは、優れた経営者を探すうえでも、非常に重要な要素となる。そのうえ、社員は取締役には何でも話してくれる傾向がある。取締役に問題を報告しても、解雇されないことを知っているからだ。取締役は、まさに率直に話してくれる人を求めている。

取締役は、自社の企業文化の問題の兆候を探さなければならない。経営チームの急激な入れ替わりには注意すべきだ。人の入れ替わりの速さは、企業文化に影響を与えると同時に、警告のサインでもある。多くの企業では、経営者を社外から採用し、2～3年ごとに人が入れ替わっている。このような企業は、人が勤め続け、自分の努力の成果を見るように促す企業文化を作っていない。

変化が頻繁に起こる場合、取締役会は、経営チームの中で離職の原因がＣＥＯの問題なのか、それとも組織全体の特徴なのかを調査しなければならない。ＣＥＯの行動に問題があるのか、それともＣＥＯに人を見る目がないのか？　他の企業で大きな昇進をするために人が去っているのか？　あるいは自社の解雇が間違っているのか？　これらを把握するために、取締役会は、辞めて他の企業に移った社員についての月次報告を求めるべきである。

特に大企業では、企業文化が組織全体で同一でないことがある。GEの取締役でもあるトライアン・パートナーズのエド・ガーデンは、企業文化が事業部門によって異なることに気づいている。彼は語る。「航空部門の文化は電力部門の文化とはずいぶん異なる。企業文化は同質ではない。実際に現場に出て組織運営に触れ、感じてみる必要がある」

日々の組織運営上の課題は、企業文化が変化する必要性を示しているともいえる。企業文化は、組織運営の複数の重要な領域、特に、意思決定、変革の実行、昇進や従業員の育成に影響を与える。これらはすべて、対人行動に関する文化によって影響を受ける。人々は健全でない競争をしていないか？　情報を隠していないか？　乱暴な言葉遣いをしていないか？　重要なプレーヤーが効果的に協力していないのではないか？　取締役会はこれらを常に問いかけなければならない。

このような要素のうち、意思決定に関する文化は、組織運営全体にかかる問題である。大きな意思決定が行われる局面でとられる行動はどんなものか。例えば、価格決定には複数の部門が関わり、彼らには多くの接点がある。企業文化を評価するには、誰がその決定をコントロールしているかを調べる。どのような情報、どのようなルールを使用しているのか？　どのような課題に向き合わずにいるのか？　誰か1人の人間がプロセスを支配しているのか？　決定は事実に基づいているのか、直感的なものなのか、あるいはその2つが混ざっているのか？　もし、あるグループが失敗した場合、それをどのようにして挽回するか？　人々は建設的な対応をしているか、それとも責任のなすり合いをしているのか？　取締役会は、意思決定のプロセスを分析するよう求め、それを評価するために外部の企業を活用してもよい。

取締役会は、同様の分析のフレームワークを、昇進・昇格についての企業文化にも適用することができる。昇進を勝ち取った人々の属性、つまり彼らの資質や特徴を見れば、企業文化について多くのことを明らかにできる。そのプロセスが客観的かどうか？　昇進・昇格のプロセスを実施することは、取締役会の役割ではない。その代わり情報を求め、助言する役割を果たすべきである。

危機は企業文化を見直す機会にもなる。製品のリコールを余儀なくされたある大企業は、会社としてより良い意思決定ができたはずの情報を、異なる部署が互いに与えないようにする企業文化の問題を抱えていた。その企業は、その不健全な文化を守ろうとはしなかった。その代わりに、第三者を入れて調査と評価を行った。さらに、世界中から数百人のトップリーダーを招いて会議を開き、「自社の企業文化を1つ変えられるとしたら、それは何か」というシンプルな質問を投げかけた。その集約された答えは、現在、その企業の基盤の一部となっている。

企業文化とは、自社の社員の反映である。そのため、自社のストーリーを世に出すには、投資家に社員のことを伝えよう。社員をうまく育てれば、自社のオーナーに共有できる良いストーリーができあがる。彼らに社員が長期的な価値の創造に直結していることを示すのだ。ファッション企業におけるデザイナー、製薬企業における研究開発責任者や薬事申請役だけに投資家と共有できる良いストーリーがあるのではない。良いストーリーはすべての組織に共通である。すべての企業は、社員がどのように価値を生み出しているかを投資家に伝えられなければならない。

しかし、最終的には、企業文化は経営トップによって設定されるものであり、多くの場合、成文化されたものではなく行動として示される。GMのメアリー・バーラは次のように語る。「私がオフィスに来て、1日で企業文化を変えることはできない。しかし、私が今日どのように行動するか、会議でどのように振る舞うか、行動するかしないか、を変えるように取り組むことはできる」。GMでは、経営幹部は半期ごとのミーティングと四半期ごとの電話会議を行っているが、その大部分が企業文化と行動に関するものだ。また、取締役会も年数回このテーマを取り上げている。

企業の成否はその社員にかかっている。社員の質、専門性、労働倫理、文化、そして、取締役会として彼らにどのように影響を与えることができるか、にかかっている。

人材をマネージするためのチェックリスト

- □ 人材について毎回の取締役会で議論する
- □ 戦略や市場動向に基づいて、CEOや経営チームに将来必要となる資質を見極める
- □ CEOの2～3階層下にいるCEO候補者を見極め、前もって計画を立てる
- □ シミュレーションアセスメントを用いてCEO候補者をベンチマークし、社内のさまざまな場所で最終候補者たちの能力を試す
- □ 社内のすべてのCEO候補者たちについて、その同僚たちや顧客に意見を求める
- □ 明日のリーダーになる可能性のある人たちを知るために、現場に出かける
- □ 報酬を将来の価値を生み出す取り組みに結びつける
- □ リーダー層の多様性を確保するために、必要となる前に人材を特定し、育成する
- □ 若い従業員を惹きつけるために、意味のあるサステナビリティの取り組みを採用する
- □ 経営幹部の入れ替わりが激しいなど、企業文化の問題の兆候に注意する

第２章

戦略的な要請

人材が新しいＴＳＲの第一の柱であり、企業の強みの源泉であるとすれば、戦略は第二の柱である。企業は、戦略によって長期的な成長の道を見出す。人材と戦略は一対であり、相互に関係する。人材が戦略を策定する。戦略の成否は、その実行に必要なスキルを持つ人たちの存在にかかっている。戦略を策定し、それをしっかりと実行することは、経営者の最も重要な任務である。そして、戦略の監督は、取締役会の極めて重要な責任である。

戦略の第一の目的は、現在と将来の両方にわたり、業績と株主へのリターンで自社を競合他社よりも優れたものにすることである。そして、取締役会がその意識を最も集中させ

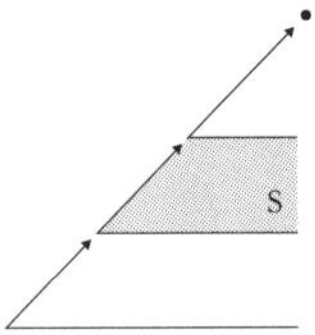

るべきなのは、人的リソースと財務リソースの配分である。取締役会は、経営陣がさまざまなオプションを特定し、機会を作り、開拓すべき新規事業や撤退すべき既存事業について判断することを支援しなければならない。

新しいTSRは、意思決定に新たなアプローチを求める。多くの取締役会では、戦略を監視するために3〜5年の中期計画を活用している。中期計画は、戦略上の課題、各プロジェクトの詳細、年次の予算、資本支出計画などで構成されており、すべては株主総利回りの目標値の達成に向けられている。

中期計画は便利かもしれないが、それだけでは十分ではない。今日の企業は、市場の変動、構造的な不確実性、そして企業の存亡の危機を引き起こすような世界経済の動向に迅速に対応しなければならないからだ。

そのために、企業は、データアナリティクスを用いた新たなツールを活用しなければならない。もし、いまだにデジタルを事業の中心的なものとして活用していないなら、例えば、デジタルカメラへの移行に失敗したコダックや、動画配信に乗り遅れたブロックバスターのように完全に時代遅れになってしまうか、世界市場でのシェアがわずか5%しかないマイクロソフトのオンライン検索サービスのように完全に失墜してしまうか、そのどちらかのリスクを負わなければならない。

デジタル技術は、それを活用することによって企業の収益力に大きなインパクトを与えることのできる「進化」の一例である。そのインパクトは標準的な財務予測ではとらえきれない。そのため、取締役会は、戦略と同じくらい、自社の「稼ぐモデル（moneymaking model）」にも注意を払うべきである。「稼ぐモデル」に直結する指標によって構成されるダッシュボードは、取締役会と経営陣が、長期の計画と短期の実行の両方を維持するのに役立つ。

戦略と同じく、「稼ぐモデル」の成功には、顧客が中心的な役割を果たす。そのため取締役会は、自社の顧客と市場についてあらゆることを学ばなければならない。その知識を活かして、取締役会は、アクティビスト投資家がやるのと同じように、自社が新たな成長の方向性を見出すように支援する。

取締役会は、短期的な株主利益率の予測ではなく、自社の「稼ぐモデル」に関する指標に注目すべきである。戦略をレビューする際には、取締役会は、戦略が稼ぐことにつながるアクションを定義しているかどうかを確認する必要がある。賢明な取締役会は、財務およびオペレーション上の関心を、顧客、価値の創造、競争優位性、市場、人材、投資家、そしてサステナビリティへと広げていく。これらをどう結びつけていくかを説明しよう（図2－1）。

図 2-1 | 新しいTSR：戦略

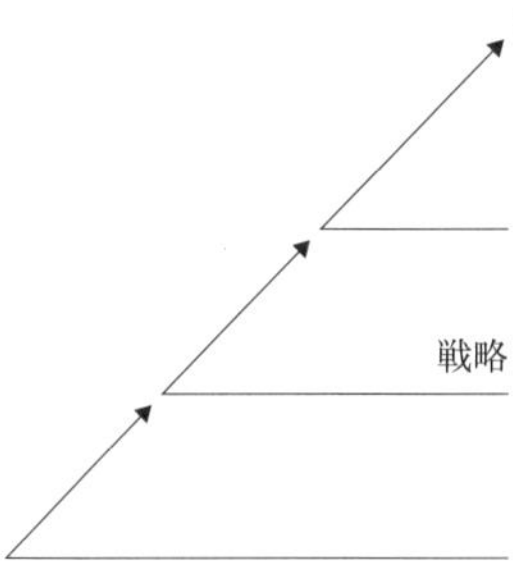

人材を戦略的な要請に結びつける
将来の目標達成のために適切な経営チームであることを確認する

戦略を実行に結びつける
長期的な施策を順調に進めるために短期的なベンチマーク指標を設定する

新興企業と既存企業がもたらす競争上の脅威を知る
その人材と仕組みを評価し、対応するために資本を配分する

ESGが投資家層に与える影響を知る
投資家に訴求するためにグッドガバナンスを強調する

ハイブリッド戦略を導入する
プライベート・エクイティのモデルを考え、一方で長期のために行動する

情報を多様化する
内部者と外部者の視点を取締役会に持ち込む

合併やジョイントベンチャーの意思決定のために討議する
主要な取り組みの是非について競わせるため、2つのチームを作る

デジタルとAI技術を導入する
……さもなくば滅びる

戦略に直結した「稼ぐモデル」

戦略の議論では、多くの人が企業のビジネスモデルに言及する。「稼ぐモデル」は、ビジネスモデルとはちがう。「稼ぐモデル」は、短期および長期の価値創造のために極めて重要な役割を果たす。

「稼ぐモデル」とは、利益を生み出すための基本的な要素、すなわち収益、粗利、固定費・変動費、現金の創出とその利用などが、特定のビジネスにおいてどのように組み合わされているかを示すものである。各企業は、独自の「稼ぐモデル」を持つ。他社と似ているように見えるものもあるかもしれないが、特に実行においては、それぞれ独自のものである。デジタル時代に「稼ぐモデル」がますます重要になることは、経済学者のW・ブライアン・アーサーの「収益逓増の科学（science of increasing returns）」によって知られるようになった。彼の理論は、知識集約型産業で先行する企業は、優位がさらに成功を呼ぶ傾向があると説明する。これは、成功している企業でも物理的な制約に直面するに従って利益が低下する重厚長大型産業やその他の伝統的な事業とは対照的である。

この2種類のビジネスは、投資、利益、現金創造のパターンが異なる。伝統的な企業は、設備投資によって将来を築く。デジタル企業は、コンピューター・サイエンティストを雇い、ライセンスフィーを払うことによって将来を築き、それを営業費用とする。これらの費用は、デジタル企業の利益を圧縮して当初支払う税金を減らすことにつながり、現金を浮かせる。これゆえ、アマゾンのようなデジタルビジネスは、1株当たり利益ではなく1株当たり現金に注目する傾向にある。

対照的に、伝統的な3〜5年の中期計画は財務数値のみに言及し、「稼ぐモデル」の構成要素の相互作用や、それらがうまく機能しているかどうかについては説明しない。経営陣によるどんな業績のレビューも、財務指標に加えて「稼ぐモデル」の指標を含まなければならない。そして、取締役会の仕事は、自社が長期的な成長に向かうように、経営陣に「稼ぐモデル」の指標をフォローさせることである。

デジタル時代には、すべての事業がその「稼ぐモデル」を再評価しなければならない。取締役会へのプレゼンテーションでは、経営陣は、中期計画の実現に向けて実行している施策と同様に、自社の「稼ぐモデル」がどのように機能しているかを明確に説明する必要がある。そして、財務業績が予想から外れた場合、取締役会はその「稼ぐモデル」を厳しく精査すべきである。取締役会は以下のような質問を定期的に投げかけるべきである。「競争や技術の変化を考えたとき、今の『稼ぐモデル』は正しいのか？　もしそうでないとしたら、それに代わるどんなモデルを検討または構築すべきか？　別の『稼ぐモデル』は、自社の市場価値やその他の財務指標にどのような影響を与えるのか？」

新しいＴＳＲと同じく、「稼ぐモデル」も実行がカギを握る。人材・戦略・リスクのすべてが揃っていても、実行ができなければ企業は軌道から外れてしまう。そのために、取締役会は、各種の施策や価値創造のための活動の中間成果を確認するダッシュボードを作成し、その結果を大株主の上位25人に伝えるべきである。

取締役会の戦略的な議論は、短期と長期の計画も結びつけなければならない。取締役会の役割は、過去をガイドとして参照しながら、将来の価値創造に経営陣を集中させることである。経営陣からの新たな提案を検討する際、最高の取締役は、自社の５年間の戦略をレビューすることを止め、その新たな施策がどこにはまるかを問いかける。潜在的なトレードオフと機会費用がある。新たな施策に経営資源を投入する場合、何を諦めることになるのか？　長期的にみてより良い投資を見送ることにするのか？　取締役会はこれらを問わなければならない。

「稼ぐモデル」の指標を理解するには時間がかかる。取締役会は、戦略を適切に監督するために、戦略を評価するための情報と手段を持っていなければならない。多くの場合、取締役会は、戦略の評価に必要な時間を十分に割くことができていない。経営陣は、何百ページもの資料を取締役会にただ説明するのではなく、さまざまな戦略シナリオとそれがどのように展開しうるかについて、取締役と本当の議論の機会を持つべきである。

経営陣は、それらの情報からエッセンスを抽出して、取締役の理解を深めることができる。GMでは取締役会の開催前に、CEOのメアリー・バーラが2ページの議題要旨を送る。これには、経営陣が行った意思決定事項と、それに対して取締役会に期待する洞察について書かれている。この要旨を2ページ以内に収め、かつすべての重要なポイントに触れることを経営チームに課すことによって、GMは多くの情報を簡潔かつ効率的に取締役会に伝え、毎回の取締役会で戦略の議論を進めている。

正しい情報を手に入れることで、企業は競合他社よりも先に将来を見通すことができ、過去から脱却することができる。ghSMARTのエレナ・ボテリョは語る。「将来に適応できなかったというすべての話の裏には、一定の期間は収益性が高かったが、やがて時代遅れになってしまった事業を手放せなかったという話がある。適応力の高い組織は、新たな事業を立ち上げ、自社内でカニバリさせる。それに対して、ブロックバスターは5000万ドルでネットフリックスを買収できたはずなのに、そうしなかった」。成功している取締役会は明日何が起こるかを予測し、必要があれば、既存の戦略を否定するような問いを投げかける。

「稼ぐモデル」が企業を変化に適応させ、長期的な価値を生み出した最も良い例としては、売上110億ドルのデザインソフトウェア・メーカーであるアドビが挙げられる。2008年の金融危機の影響で同社の大企業向けパッケージ製品の売上は低迷した。そこでCEOのシャンタヌ・ナラヤンは、アドビをサブスクリプションサービスに移行することを決定した。同社の「稼ぐモデル」の変革である。

ナラヤンは、これまで未開拓だった大型顧客は統合パッケージであるアドビ・クリエイティブ・スイートを多額の前払いで購入するよりも、アドビ・クリエイティブ・クラウドに月額、年額、または使用量に応じた料金を支払うことを選ぶだろうと考えた。これは危険な作戦だった。アドビの顧客は、ソフトウェアの所有権を得ることと安定した製品に慣れていた。そのため取締役会は、当初、この新たな方向性に懐疑的だった。

ナラヤンは顧客の注意を喚起するため、2011年の導入の1年前にこの変更を発表し、しばらくの間は2つの販売モデルを併存させると約束した。しかし、長年にわたってアドビを購入してきた多くの顧客は反発し、「1回の支払いで済んだものを、毎年支払わなければならないように変えるとは！」と怒った。サブスクリプションモデルの導入直後に売上が落ち込んだことで取締役会の疑念は増した。しかし取締役会はナラヤンを信頼し、彼を支持した。

サブスクリプションモデルのメリットは、アドビと多くの顧客との双方にとって、すぐに明らかになった。サブスクリプションモデルによって、アドビは、ソフトウェアメーカーとして市場を中小企業や個人ユーザーにまで広げることが可能になった。また、サブスクリプションモデルは、顧客とアドビとの双方にとって、ユーザーが製品をインストールした後、デザイン技術の変化に対応するための製品の継続的なアップグレードの手間とコストを省いた。それまでは、法人顧客がネットワーク全体にクリエイティブ・スイートを導入したほんの数週間後にそれが最新でなくなっていることも珍しくなかった。

サブスクリプションに移行したことで、アドビは稼ぎ方を変え、その結果、「稼ぐモデル」を構成する要素の関係も変化した。売上高に対するコスト比率が減少し、顧客の獲得・維持にかかるコストが減少したため、売上総利益率と経常収益が増加した。もしアドビが標準的な財務予測のみに基づいて収益を予想していたら、「稼ぐモデル」の変化による恩恵を把握することはできなかった。実際、企業の「稼ぐモデル」を正しく理解しているからこそ有用な財務予測が可能になるのであって、その逆ではないのである。

アドビは、２０１７年１月にクリエイティブ・スイートの販売を終了した。それまでにアドビの株価は、クリエイティブ・クラウドを発売した時の４倍以上の１株１０６ドルまで上昇していた。２０２０年９月には、株価はさらに５倍近くの４９１ドルになった。これは「稼ぐモデル」を理解し、それを変更する適切なタイミングを知ることが、長期的な価値の創造を実現することの証明である。

市場をモデル化する

自社の「稼ぐモデル」を支えるために、取締役会は、市場とその変化を予測する独自のモデルを構築する必要がある。取締役会は、このモデルの構築を第三者に依頼することもできる。しかし、この仕事は経営陣に任せてはならない。独立性を確保するために、取締役会は独自の情報源を必要とする。戦略を監督する際、取締役は、取締役会が構築したモデルに基づいて検討し、それを経営陣の今後の市場の変化に対する見解と比較するべきである。

この市場モデルに欠かせないのは、長期的な競争優位性についての体系だった議論である。例えば、それがいつまで持つのか、衰退または改善の兆候が現れていないか、などである。このような分析は、測定され、分析された結果を示すダッシュボードの一部となるべきである。競争分析の前提を第三者が定期的に検証することもできる。取締役会は、経営陣にその評価結果を求めるべきである。これらは、長期的な株主利益を創出するために取り組む経営陣にも役立つはずである。

市場モデルを構築する際には、正しい専門知識を持つ取締役をうまく活用すべきである。GMでは、CEOのバーラが取締役を活用してアイデアを生み出している。電動化や自動運転などのイノベーションによって自動車産業が変化するなかで、彼らは特に貴重な経営資源である。GMでは、毎回の取締役会で、それらの分野のうちいずれかを深く掘り下げ、取締役会の知見を総合的に活用している。例えば、ソフトバンク・ビジョン・ファンドによるGMクルーズへの投資やホンダとの自動運転車に関する提携など、GMが大きな戦略的意思決定を行うまでに、経営陣は何度も取締役会と話し合い、取締役会の洞察や視点から恩恵を受けている。

長期戦略を立案する際、市場の新しい動向を把握するために斬新な取り組みを行っている企業がある。WSFSのマーク・ターナーはCEOを退任する直前に、市場を知り潜在的な提携先を模索する目的で金融業界の企業や顧客を訪問する3カ月間の長旅に出かけた。彼は語る。「全米の49の組織を訪問し、7万キロ以上を旅した。ノーザン・トラストやハンチントンのように興味深いことを実施している伝統的な銀行、ウォルマートやワワ、ベクトン・ディッキンソンのような伝統的な企業、また、グーグルやアップルのようなテクノロジー企業やシリコンバレーなどにあるフィンテック企業も訪問した」

この長旅の目的は、金融サービス業界に近づいてくるメガトレンドを調査することだった。１つはミレニアル世代が団塊の世代に代わって最大の世代となり、根本的に異なる考え方や行動様式を示してきていること。もう１つは、ビッグデータと自動化されたプロセスが伝統的な意思決定のモデルを作り替えるという考え方であった。

しかし、ＷＳＦＳにとって最も大きかったことは、サービスへのデジタル技術の導入であった。ターナーは語る。「この１８７年の間、私たちはシステムやテクノロジーによって強化された実店舗やヒトを通じて、顧客に物理的に金融サービスを提供することを得意にしてきた。しかし、特にスマートフォンが登場してからは、デジタルの手段のみでやりとりしたいと考える顧客がますます増えてきた」。長旅は、ＷＳＦＳのこの方向性を確固たるものにするのに役立った。そして、「稼ぐモデル」を修正することによって長期的なリターンを生み出すようにＷＳＦＳを変えたのである。

長旅に出ることなく、身近なところからでもターナーの実践を参考にすることができる。取締役会は、破壊的な技術や新興企業を特定し、投資するために、Ｍ＆Ａやジョイントベンチャーの機会を探索する機能を整備するようＣＥＯを促すことができる。フェイスブックによるワッツアップの買収やアマゾンが自動運転車の分野で行った買収がその例である。

戦略を長期的に機能させる

戦略を監督するために、取締役会はまず、意思決定を行う経営チーム、それが持つ偏り、スキル、そしてリスクテイクの傾向を理解する必要がある。これらの特徴がこの経営チームが行う選択や設定する戦略を決めてくる。ある企業では、ＣＥＯとＣＦＯが優れた交渉者であり、買収によって会社を発展させる。別の企業では、経営幹部は本業による自律的成長を得意とし、Ｍ＆Ａの専門性はほとんど持ち合わせていない。取締役会の役割は、経営幹部のスキルに合った戦略が実行されていることを確かめること、または戦略に合わせてスキルを変化させることである。

困難に直面するのは、企業が経営陣の「安全地帯」から外れたときである。バンク・オブ・アメリカには自律的成長に長けたリーダーたちがいたが、買収による成長を決断し、２００８年にカントリーワイド・ファイナンシャルとメリルリンチの買収という2つの取引を実行したことで散々な状態になった。現在、同社は自律的な成長に注力している。常軌を逸したアクションが取られた場合、取締役会は、経営陣が外部からどのようなアドバイスを得ているかを知る必要がある。

人材と戦略のバランスを保つことは、状況が急速に変化しているときには特に難しい。

急激に起こる破壊的変化は多くのビジネスを根底から覆しており、長期戦略についてどう考えるかを急速に変化させている。そしてこの破壊的変化は、その戦略を実行するために社内で必要となる人材についての考え方も根本から変えてしまった。

社員全員が揃って行動するためには、戦略に関するコミュニケーションが組織全体に行き渡る必要がある。一方、あまりにも多くの企業で、社員を育成するトレーニングは戦略上の課題とは無関係に実施されている。デルファイ・オートモーティブのラジ・グプタは語る。「リーダーの課題は、戦略を社内のさまざまなレベルに説明すること、そして社員が戦略と自分の行動を確実に結びつけることである」。最良の方法は全員に最新情報を共有することである。グプタは、さまざまな会社のCEOたちが月末に200〜300人の社員と電話会議を実施し、当月の成果と来月の戦略的な要請や優先事項について話し合っているのを見てきた。「私が知る唯一の方法は、絶え間ないコミュニケーションとその強化である」と彼は語る。

人材と戦略の正しいバランスが取れたら、経営者は、長期戦略を実行するために顧客やユーザーに焦点を絞らなければならない。取締役会はその役割を果たすために、まず顧客、競合、市場に関する情報を十分に把握することによって、経営陣が必要な情報を持っているかどうかを確かめる。取締役会は、顧客の利用状況、行動によって得られるベネフィット、顧客の期待、顧客の解決しない課題など、顧客の体験のあらゆる側面が把握できる指標をまとめたダッシュボードを持ち、それを自由に使うべきである。それによって自社が顧客にもたらしている現在のベネフィットを測定し、将来のイノベーションがどのように顧客にベネフィットをもたらすかを戦略の一部として説明することができるようになる。

取締役会のツールボックスには、顧客に対して自社が提供するベネフィットが競合他社と比べてどれほど独自性があるのか、また、顧客が将来的に何を求めているのか、を判断する第三者による調査も入れておくべきである。企業が顧客ニーズをどの程度満たしているかは企業価値創造のための最も重要な要素であり、アクティビスト投資家が注目している点でもある。

賢明な企業の中には、顧客に対する戦略的なフォーカスを段階的に形にしていく会社もある。ＷＳＦＳのターナーは、「私たちの場合は、まず最高カスタマーエクスペリエンス責任者（Chief Customer Experience Officer）を任命して、顧客が当社全体とのやり取りをどう感じているかを評価した。そのうえで適切な変更を加えていった」と語る。その適切な変更が重ねられることによって現在までに、顧客がオンラインでも対面でも好きな方法で銀行とやり取りできる「シームレスなオムニチャネル・プラットフォーム」が創られた。ＷＳＦＳは今後数年間で、ＡＩやチャットボットなどの新しいデジタルツールを使ったサービスの開発を含む革新を進めていく予定である。

経営陣は、顧客について学んでもらうことで取締役会を支援することができる。ＣＥＯは取締役を、顧客イベントに招待して取引先や従業員と交流したり、製品を見られるようにしたり、また投資家イベントに招待して投資家が市場で自社をどのように見ているかについて学べるようにする。また、取締役会に合わせて主要な顧客をディナーに招待することもできる。そこからの学びによって、経歴や出身の会社が異なる取締役がそれぞれの強みや現在のトレンドに対する洞察を活かした質問を行い提案する、という各人の貢献を引き出すことができる。

取締役会は、企業戦略とデジタル化をつなげるよう経営陣を促すことで、「稼ぐモデル」を再考するよう支援できる。例えば人事の領域では、企業はオンラインコンペティションを利用して、従来の採用手法では「会う」ことができなかった新しい候補者を知ることができる。また、ＩＴマネジメントについては、さまざまな機能部門に属するすべての社員を管理できるデジタルプラットフォームを新たに構築し、既存のインフラと並行して稼働させる。すべてのデータを新しいプラットフォームに移行したら、古いプラットフォームを停止する。

正しい人材とシステムが揃ったら、取締役会の最大の戦略的な役割は、Ｍ＆Ａ、事業の売却、大規模投資、新規市場への参入、既存市場からの撤退などの主要施策に関する意思決定を行うことである。取締役会が戦略的オプションを検討する際の最重要質問は２つ、その施策が長期的視点から有益か有害か、自社と競合する技術の影響はあるかないか、である。ディレクターズ・カウンシルのミシェル・フーパーは「ブロックバスターやレッドボックスを振り返ってみよう。販売やレンタルに使っているＣＤやビデオ、８トラックテープなどが動画配信の普及でこの世から消える、という事実を否定する取締役ばかりであってほしいと思っていたはずだ」。あまりにも多くの取締役とあまりにも多くの経営者が、この先何が起こるかを見通せなかったのだ。

このような大惨事が起こることも想定に入れ、計画を策定する際には、失敗の早期の兆候を予測できるようにベストを尽くすべきである。事前にそこまで考慮しておくことによって、長期的にはベストな戦略を選ぶことができる。しばしば、人の考え方をまったく変えてしまうのはシンプルな質問である。策定された行動計画は、当然こうすべきとしか思えないこともある。しかし、多くのことが懸かっているのだから、当然と思われる選択が「明らかに間違っている」と考え直させるものを見つけるよう試みるべきである。

経営陣には、すべての戦略的な可能性を検討し、最終的な答えを考えるだけではなくオプションを抽出することを促す。そうすれば、取締役会での議論は変わる。オプションがあれば、それについて議論することができる。そうなれば、各取締役はオープンな議論に自ら参加し、彼ら独自の視点を議論に持ち込むことが可能になる。

自らの考えを批判的に問うことで、確証バイアスを排除し、思考の欠陥を見つけることができる。人はよく、自分の意見は公平だと主張する。しかし、実際にはそうではない。それどころか、取引をするにしても新しい戦略の効用を証明するにしても、自分の前提を支持する論拠を探すことに知的エネルギーを費やす。公平な立場の人が新鮮な目を向ければ、あるアイデアが持つベネフィットだけでなく、その代替案やリスクも明らかにすることができる。

このように取締役会が関与することで、単に計画を提示するよりもずっと効果的に戦略を策定することができる。最終的には、経営陣にとって取締役会は承認者ではなく、伴走者であることが望ましい。すべての戦略的なオプションを検討するためのこのやり方は、新製品の上市からM＆Aまであらゆる競争上の取り組みで使われるべきである。

その中でも最も危険なもの、最も広範囲な影響を及ぼし、通常最も費用がかかるものが、M＆Aである。自社が合併を計画しているときは、取締役会はそれに反対する視点を持ち込むことを提案すべきである。ティー・ロウ・プライスの元会長であり、ユナイテッド・テクノロジーズの取締役でもあるブライアン・ロジャースは、ユナイテッド・テクノロジーズがロックウェル・コリンズの買収を考えていたときに、反対の視点を入れて合併案を検討するプロセスを支援した。

取締役会の役割は、このディールの経済的合理性や戦略的な根拠を問うことに加え、自社にそれを実行するだけの人材が組織にいるかどうかを問うことである。ロジャースは語る。「私の仕事は、経営陣の戦略と想定されるＭ＆Ａディールの経済合理性に対して疑問を投げかけることだった。そこで私たちは、ロックウェル・コリンズの買収を徹底的に検討するため、ディールの暗殺者と呼ばれる人を投入した」

このようなレビューの前提は、自社が壊れていないものまで直すことにならないかどうかを確認することだ。自社の業績が好調で、良いカルチャーを持っているなら、なぜ買収を考えるのか？　適正な価格は？　投資家が納得する価格は？　株主に損害をあたえるような価格は？　ロジャースは付け加える。「買収の合理性と組織の課題の両方、そして価格について、手当たり次第に突っ込みを入れる人を投入したのは、おそらく今回が初めてだ。非常に理にかなったやり方だと思う」。その結果、ユナイテッド・テクノロジーズは、２０１８年に買収を完了した。

「ディールの暗殺者」のバリエーションの１つは、合併前コンテストである。このコンセプトは新しいものではないが、しばしば誤用される。例えば、買収を計画している企業の多くは、2社の投資銀行を招き、ディールのストラクチャーについてプレゼンテーションさせる。最高のパッケージを提示したバンカーが受注することになる。しかし、投資銀行が報酬を得るのは合併が実現したときだけなので、2つの投資銀行には、そのディールが企業にとって良いかどうかにかかわらず、実現させようという圧力がかかっている。

バークシャー・ハサウェイの会長であるウォーレン・バフェットは、このプロセスを根本から変えた。バフェットは語る。彼の投資先のある企業はM＆Aで失敗を繰り返していたが、その企業の基本的なビジネスは非常に好調だったので、失敗を続けることができていた。そこで彼は、その企業を最悪の衝動買いから守るための措置を講じた。彼は取締役会に、あるM＆Aのディールに対して賛成と反対の2つの投資銀行を入れて、正々堂々と議論を闘わせるように指示した。そして、議論に勝って取締役会がそのレコメンデーションを採用した方がより高額の報酬を得ることができるようにした。これは両方の投資銀行が無理にでもディールをさせようというインセンティブをなくすやり方である。

このような分析は、長期的な成長のために何を売却できるかという意思決定にも役立つ。その監督の一部として、取締役会は、経営陣が正しい製品を市場に投入しているかどうかを確認するため、自社の製品ポートフォリオについて継続的に経営陣に質問するべきである。デルファイ・オートモーティブのラジ・グプタは語る。「複雑さはコストとスピードの敵であり、不適切な資本配分を必ず引き起こす。集中したポートフォリオを持ち、市場で重要なポジションを占めていれば、取締役から組織の最も下層の社員までが、自社がそれぞれのビジネスで何をしようとしているのかを真に理解することができる」。４つ以上では多すぎる。ポートフォリオをシンプルに整理し、フォーカスすることは、重要な戦略的な議論の一部であるべきだ。

自社の強みを知ることで、何をいつ売るかという難しい選択をすることができる。ローム＆ハースは、プレキシグラスの製造で知られ、合成殺菌剤を初めて開発した企業でもある。どちらの製品ラインも収益源であり、会社の伝統の一部であった。だがこれらの製品はコモディティ化しており、しかもローム＆ハースはコモディティ製品の販売が得意ではなかった。そこで同社は、これらの事業から撤退することを決めた。それらは高収益ではあったが、事業規模が小さすぎて会社の将来を担うものではなかったのだ。当時、ローム＆ハースのＣＥＯを務めていたグプタによれば、この決断にはさまざまな感情が渦巻いていたという。しかし、彼はこの撤退を会社が行った最良のことの１つと呼んでいる。

戦略的に正しい買収

長期的な成長を可能にするプロセスに焦点を当てた正しい買収は、老舗の企業を新しい企業に変革するのに役立つ。このような変革を遂げ、素晴らしい結果を残した企業の代表例は、おそらくダナハーである。

ダナハーは、1984年にスティーブン・レイルズとミッチェル・レイルズによってさまざまな製品を持つメーカーとして設立された。レイルズ兄弟はすぐ、さまざまな工具や計測器を扱う10社以上の企業を買収した。その中の1つ、トラック向けの空気圧式ブレーキシステムを製造するジェイコブス・マニュファクチャリングは、利益率の改善に苦しんでいた。レイルズ兄弟はトヨタ自動車が利益率の拡大に精通していることを知っていたので、トヨタのやり方を学ぶためにチームを日本に派遣した。

トヨタのやり方は以下の3つである。会社のオペレーション全体にわたる野心的な目標のもと、成長のための高いハードルを設定する。業界のベストプラクティスを採用し、製造部門だけでなく、販売部門も含め全社的に普及させる。業界平均よりも高い利益率でも現状に満足せず、継続的に改善する文化を植え付ける。ダナハーで戦略責任者を務め、現在はデュポンで最高戦略責任者（CSO）を務めるラジ・ラトナカーは、次のように振り返る。「レイルズ兄弟は私に『ラジ、お前に貪欲になることを教える。決して満足してはならない。これは技術であり、芸術であり、企業文化の信条でもあるのだ』」

2015年、ダナハーは大きな戦略転換を行った。長年の間に同社はポートフォリオにライフサイエンス事業を加えていた。ダナハーは、その伝統であったインダストリー部門を切り離し、バイオ医薬品システムに改めて集中することを決定した。その一環としてダナハーが目をつけたのが、濾過《ろか》製品メーカーのポールだった。バイオ医薬品の製造工程には濾過が欠かせないが、ポールの売上に占めるバイオ医薬品向け濾過製品は30%に過ぎなかった。つまり、ポールを買収するということは、本当に欲しいと思っている事業の価値よりはるかに大きなプレミアムを支払うことだった。プールを使いたいから家を買うというようなものだ。

買収の決断は、CEOのトム・ジョイスと取締役会に委ねられた。ジョイスが買収を検討する際には、彼はバフェットのようにコンテストを開くことはしない。その代わりに、彼は自分がたった1人の反対派になり、買収すべきという人たちに、彼に「賛成」と言わせるようにするのだ。ラトナカーは言う。「彼は意地悪だ。主張が正しいと証明するまで1銭も出してはくれない」。彼は会議の途中で業界の友人に電話をかけ、自分のチームのアイデアをぶつけてみることもあった。

ダナハーの取締役会も、ＰＥファームがやるように、経営陣が正しい判断をするために鋭い視点をぶつける。取締役会はそのようなイメージを持って自社を築き上げてきた。ダナハーが迅速に対応できるように、取締役会は、買収のたびに官僚主義を排除し、自社を壊し続けてきた。取締役会ではデータを求める。「誰かに気を遣っている暇はない」とラトナカーは語る。「チャートやきれいな写真を持って行っても、こっぴどくやられるだけだ。だが、矢が飛んでくるのではなく、充実した議論ができる。一生懸命にやって、会議が終わると汗をかいて出てくるのだ」

多くのＰＥファームとは異なり、ダナハーは長期的な時間軸で経営する。それによって焦点を絞り、時間を活かした最高の判断をすることができるのだ。資産を最高値で取得することは、面目が丸つぶれになるリスクを常に冒すことになる。そこでラトナカーと彼のチームは、業界のその時点の状況をスナップショット的に見るだけでなく、今後のトレンドを予測するために、市況を詳細にとらえることのできる分析ツールを使って市場を深く検討した。

彼らの分析に支えられて、検討チームは、ポールがダナハーをバイオ医薬品システムの主要プレーヤーにするのに役立つこと、そして高額ではあるがこの買収は利益を生むことを取締役会に納得させた。買収は２０１５年に１３８億ドルで成立した。その後、この買収は、ダナハーの変革の要であり、長期的な成長の鍵であることが証明されることになった。２０１５年10月〜２０２０年10月の5年間で、同社の株価は3倍になった。過去30年間でダナハーは、ローパーを除けば、多角化したメーカーの中で最大のリターンを生み出した。これは、取締役会が新しいＴＳＲの教えを積極的に取り入れるならば、トータルリターンは目を見張るほど素晴らしいものになることを示している。

戦略的な施策

鋭い戦略的なフォーカスが必要なのは、買収だけではない。例えば、バフェットのやり方を大規模な戦略的な施策に適用して、「レッドチーム」化することもできる。ＪＰモルガン・アセット＆ウェルス・マネジメントのメアリー・エルドスは、このモデルを新製品の提案を検討する際にも適用している。テーブルの片側には、新製品の支持者（ブルーチーム）を座らせる。もう一方には、その製品が売れない理由（時期が悪いとか、ターゲット顧客が適切でないとか）をすべて述べる反対者（レッドチーム）を並べる。取締役会は、提案のメリットを討議するためにレッドチームとブルーチームを組成させることによって、自社がこれまでのやり方を壊し、将来に向けたより良いモデルに移行する支援ができる。

実際、どんな種類の重要な変更を検討する際にも、特定の戦略とそれに対する直接の対抗策を競わせることをお薦めする。2つの戦略オプションのどちらも実行可能だが、両立はできないという2つを競わせるのである。経営陣はオプションを生み出し、取締役会とそれを議論する。一方、取締役会は、外部の情報に基づいてどちらの戦略が良いかを議論するために、第三者を活用することも検討すべきである。

賢明な企業の中には、競合他社からその情報を得るところもある。WSFSのターナーはシリコンバレーを視察した際、金融サービス業界の変革を意図的に試みているフィンテック企業を訪問した。しかし、金融業界には厳しい規制があるため、これらの企業は銀行の業務を完全に破壊できないでいた。その壁が機会をもたらした。ターナーは語る。「彼らは長期的には良いパートナーになる。彼らとわが社の両方にそれぞれ強みがあり、それは補完的だ。銀行にはたくさんの顧客がいる。私たちにはブランド、信頼、規制に関するノウハウがある。彼らにはより若くアグレッシブな人材と多くの新しいアイデアがある。彼らは既存のシステムや考え方に妨げられてはいない」

それまで、WSFSはボルトンのような小さな買収によって成長してきた。ターナーが戻った後、WSFSはその長旅で学んだことを活かして史上最大の買収を行った。ベネフィシャル・バンクの買収はWSFSの規模を2倍にし、オンラインやモバイルバンキングでの強い存在感を活かすことでデジタルサービスの提供を拡大させた。ＷＳＦＳはベネフィシャルの統合を、すべての顧客を維持しながらいかに重複する経費を削減するかという伝統的なコスト削減策としてだけでなく、会社を変革する機会としてもとらえたのだ。

戦略のパフォーマンス評価

戦略が長期的な軌道に乗っていることを確認するために、取締役会は継続的にその成果を評価しなければならない。これは、特に大規模な施策に必要だ。例えば、買収後、取締役会は事後評価を行う必要がある。ウォーレン・バフェットは次のように語る。「私が取締役を務めたある会社は、8回ほど買収を行ったがどれ1つとしてうまくいかず、9回目の買収を待ちわびていた。そこで私は、病院のように、買収の2年後または3年後にすべての案件の事後調査を行い、非難するのではなく、実際に何が起こったのかを客観的に判断することを提案した」

合併が失敗に終わった場合、その理由を学べば、次の取引はより良いものになる。ディレクターズ・カウンシルのミシェル・フーパーが参加する多くの取締役会では、少なくとも年に1回、過去3年間のすべての案件に目を通し、それぞれの案件で必要資金額を決めたときの前提条件や戦略プランをレビューする。各ディールで解決しなければならなかった問題を振り返ることで、優れた企業は買収に関しても優れた企業になることができる。

この同じプロセスを、その他の大きな施策でも実行するべきである。戦略的な意思決定が最終的に成果を生んだかどうかを振り返るべきだ。取締役会は「ある施策が財務的な目標を達成したか」「期待されたシナジー効果は実現したか」「顧客を維持できたか」を評価する必要がある。言い換えれば「目指したことは戦略的に達成できたか」である。また新規事業が想定から外れた場合は「当初の計画に戻せるか」それとも「新規事業のアイデア自体が最初から失敗する運命だったのか」を問わなければならない。その場合、取締役会は、何が悪かったのか、なぜ悪かったのかを明らかにしなければならない。会社が野心的すぎて途中の重要なステップを無視したのか、あるいは十分に素早く行動しなかったのか？

取締役会は、戦略が想定の成果を生んでいないときには、経営陣に大胆に質問しなければならない。「なぜ？」と尋ねることを恐れてはいけない。成果の要因は、良いものも悪いものも含めて明らかでないことがある。ステート・ストリートのロン・オハンリーは語る。「ウェルズ・ファーゴについて公表されているすべての情報を見れば、取締役会が見逃した初期的な警告のサインがあったと思う。どんな理由にせよ５０００人を解雇するということに、なぜアンテナが立たなかったのか」

取締役会は、ポジティブなニュースにも疑問を持つべきだ。大成功の年、それが2〜3年と続いた後には、取締役会は「話が少し出来過ぎているのではないか」と問う規律を持つ必要がある。根底にあるのは、企業の強みと弱みの理由を理解することの重要性である。最高の取締役会は、経営陣に競争上の優位性について問う。もし自社の優位性が失われたらどうするのか、または、アマゾンやグーグルのような典型的な破壊者（disruptor）が現れたらどうするのか、を問うのである。

すべてにおいて、取締役会は自社を経営するためではなく、監督するために存在していることに留意すべきである。取締役会は、その戦略的な監督のレベルと深さとの間に適切なバランスを見つけなければならない。物事が失敗するのは、優れた戦略がうまく実行されなかった結果かもしれない。それは、取締役会に、どこまでがガバナンスで、どこからが経営なのかを決断する、というジレンマを突きつける。バンガードの元CEOジャック・ブレナンは語る。「ガバナンスと経営は明確に切り分けられなければならない。取締役がその区別がつかなくなる事態は問題である」

すべてのステークホルダーのための戦略

世界の経済活動のサステナビリティは、これからの時代を決定づける課題となるだろう。そのために、企業の社会的責任に関するさまざまな取り組みは、慈善活動から本質的なものへと変化している。

株主はビジネスのエコシステムの中で、複合的な立ち位置にいる。彼らは、退職後の収入や貯蓄を資産運用会社に託している買い手、つまり資産運用会社にとっての顧客である。しかし、私たち3人が、また本書のためにインタビューした多くの人々も言うように、株主は所有者でもある。そのため彼らは、自分たちの利益を生み出す経済活動の結果に対する倫理的責任の一翼を担っている。そして株主の所有権は分散しており、経営判断を直接コントロールすることができないため、株主の倫理的責任が果たされているかどうかを確認することは、取締役会に委ねられている。

その責任は明白である。サステナビリティを議論する際には、株主価値と公共の利益との関係を考慮する必要がある。この時代は、その関係性を根本的に変える。これまでは株主価値の最大化が、最終的には公共の利益になると主張することができた。なぜなら株主価値の増加は株主に直接利益をもたらし、政府が選んだ再分配メカニズムを通じて他のすべての人々にも利益をもたらすことができたからである。

だが、気候問題の緊急性は増しており、この方程式は通じなくなった。経済活動の加速を第一の目標としても公共の利益に貢献せず、破滅さえ招く可能性がある。私たちはその証拠を、測定可能かつ実証可能な形で初めて目にしている。私たち人間は世界の資源を適切に管理してこなかった。過去の行いが現在の問題となって返ってきたのである。株主も企業と同様に、それに気づかなければならない。

その結果、世界最大のファンドマネージャーであるブラックロックをはじめとする複数の資産運用会社は、化石燃料を扱う企業を売買金額の大きなファンドの投資対象から外している。ブラックロックは公共の利益のためとしているが、ＣＥＯのラリー・フィンクは、「銃を製造する企業の株式をいち早く売却したことが収益に貢献した」と述べている。

なぜそうなるのか？　サステナビリティの目標を採用している企業がミレニアル世代の従業員や投資家を惹きつけているのであれば、他のすべての条件が同じであれば、その企業はサステナビリティ目標を採用していない同業他社に対して競争上の優位性を持つことができるはずである。したがって、サステナビリティ目標を採用していない企業を自分のファンドから除外するファンドマネージャーは、自分の投資家にとっても良い結果をもたらすはずである。

企業は、競合他社と比較して成果を挙げなければならない。最高のリターンは得られないかもしれないが、最悪のリターンは受け入れられない。ゼロックスの元ＣＥＯであるアン・マルケイヒーは語る。「企業として、私たちは株主に十分な利益を提供する責任がある。しかし、サステナビリティは企業責任の柱の１つである。これらの施策が事業の利益を悪用するものだと異議を唱えられるべきではない。私は、最高の企業はこうした価値観を理解している、と確信している」

このような考え方は、今日、特に重要である。ＢＰをはじめとするエネルギー企業が二酸化炭素排出量のネットゼロを達成することを約束したり、金融サービスの企業が売却を決定したりするなかで、サステナビリティへの取り組みを実施するかどうかは、必然的に最終利益への影響を超えた意味合いを持つ。

企業はますます、サステナビリティへの取り組みを慈善事業として考えることをやめてきている。オグルヴィ＆メイザーの元ＣＥＯシェリー・ラザラスは次のように語る。「はじめは、サステナビリティへの取り組みは慈善活動や社会貢献、良き企業市民としての義務を果たすためのものだった。しかし今では、企業を構成するすべての人々にとってますます重要になっているため、優良企業がどう経営されるかの一部となっている。市場を重視する企業であれば、資源をどのように取り扱うか、地域社会とどのように交流するか、社会への影響をどのくらい長期的に考えるかなど、これらのことが重要かどうかはすでに市場が物語っている」

実際、長期計画とサステナビリティの取り組みは相互に補強し合うものである。長期計画を立てることはサステナビリティの取り組みの必要条件であり、これは長期的な課題そのものである。しかし、その逆もまた然りである。サステナビリティは、短期的な思考を避けるために不可欠なものであり、株価の上昇などの短期的な目標を超えた視点を正当化する根拠にもなる。

企業が気候変動に取り組むのは、自身のビジネスが壊滅的な打撃を受ける可能性も懸念してのことである。最もわかりやすい例は、水がなくなったらコカ・コーラはどうするかということだ。これは取締役会レベルの議論である。同社は現在、水のサステナビリティを促進するためのプログラムを実施している。サステナビリティは、より広い社会のために、すべての戦略的な意思決定において主要な検討事項でなければならないが、この場合、会社のサステナビリティ（持続可能性）も、将来的に十分な水の供給があるかどうかにかかっている。私たちが現在の方向性で進み続ければ、将来、十分な水が得られなくなる可能性が高い。

つまり、顧客、従業員、社会の利益と、長期的な価値の創造との間には、切っても切れない関係が存在する。ステークホルダー資本主義と株主資本主義は、本当の意味での二項対立ではない。私たちは、長期的視点に立てばこの２つを分ける必要はないと考えている。それは、長期的には、ステークホルダーを大切にすることが長期的な株主価値の向上につながるということである。

この考え方は一部のアクティビスト投資家に支持されている。ヘッジファンドのバリューアクト・キャピタルと新しいヘッジファンドのインクルーシブ・キャピタル・パートナーズの創立者であるジェフリー・アッベンは、「サステナビリティは短期主義の解決策である」と語る。彼は、ＣＥＯの報酬を5年以上の任期に対するものとするよう薦めている。その理由は、「ＣＥＯを守り、ＣＥＯが短期主義に対抗する方法として、サステナビリティについて取締役会と話し合えるようにする必要がある」からである。

しかし、アッベンは、伝統的な投資会社は長期的な価値創造を十分に支援していない、と考えていた。２０２０年、彼はインクルーシブ・キャピタル・パートナーズを共同設立し、保守的な企業の価値を高める方法として、環境・ソーシャルインパクト投資に注力している。彼はある新聞に「長期にフォーカスしたい新しい株主を見つけなければならない」と語り、投資会社が伝統的なファンドとインパクトファンドの両方をうまく運営できるかどうかに疑問を示している。

結局のところ、サステナビリティへの取り組みが、どのような長期的な財務リターンを生むのかを測定するのは不可能である。アドバンテージ・ソリューションのダン・リフは語る。「ハリケーンに見舞われたヒューストンやフロリダの人々を支援するために食材を送るというウォルマートに、その投資に対するリターンを見積もれというのは、その投資を行った精神とは相容れない。その投資は、常に会社の3〜5年のパフォーマンスに返ってくる。しかし、このような分野への個々の投資に対するリターンを正確に測定するよう企業に求めることは、一歩間違えば悪い方向に進む。私は支持しない」

つまり、サステナビリティへの取り組みは利益貢献すべきものではあるが、そうでない場合でも否定してはならない、ということであろう。取締役会は、社会を良くするために行動することは金儲けのチャンスをむだにする、という思い違いをしてはならない。しかし、従業員や投資家は、個人としてどのような会社で働きたいか、どのような会社に投資したいかを判断するため、企業に質問を投げかけている。その問いかけによって、企業は自分たちがどのような組織でありたいかを決断しなければならなくなる。また、企業は人材で成り立っているため、その同じ質問によって、経営者や取締役も、自分がどのような人になりたいかを決めることを迫られる。

もし、サステナビリティのための取り組みが、企業の株主総利回りの向上に役立つと確信していなかったり、または、コストをかけずに見栄えを良くする「グリーンウオッシング」に過ぎない施策としてステークホルダーにアピールしたいと思っているなら、世界の終末を描いた「ヨハネの黙示録」を考えてみると良い。たとえコストがかかっても、気候変動対策を支援することは道徳的要請なのである。そして、もしその道徳的要請に背けば、すべては終末に至るのだ。私たちはパリ協定で定められた、２０５０年までに二酸化炭素の排出量をネットゼロにしなければ世界に起こり得る終末についてだけ話しているわけではない。もっとずっと早く起こる可能性のある法律上の終末の話もしているのだ。

今の若い世代にとって、世界は非常に脆弱だが、その脆弱さは理論上のものではない。私たち筆者は、おそらく２０５０年には地上にいないだろう。環境活動家のグレタ・トゥンベリとその世代は中年の初期になっている。彼らにとって、新型コロナウイルスのパンデミックは舞台稽古に過ぎない。この苦難は彼らの主張が正しいことを証明し、そして、その後の大惨事を未然に防ぐために努力を重ねることが可能であることを示している。

世界がどれほど早くパンデミックに対応したかを考えてみよう。劇場、美術館、映画館、レストラン、次に学校や職場を閉鎖し、旅行者に対して国境を封鎖し、全住民をロックダウンで閉じ込めた。これらはすべて数週間のうちに実施された。私たちは、世界中の人々や政府が緊急な問題に取り組むとき、どれほど早く行動できるかを見てきた。「２０５０

年まで待つのは長すぎる。もっと何かをしなければならない。もっと早くやらなければならない」と、社会の広大な地域が同じような緊急度で気候変動に取り組むことが期待できる。

私たちの企業への提言は以下の通りである。この問題に積極的に取り組むべきだ。すべての上場企業は、2050年までにネットゼロを達成するために、意味のある検証可能な行動をただちにとることを誓う。そして、すべての上場企業は、そのような行動をすべての企業に義務づける連邦法を支持すべきである。そうすれば、最初に行動を起こした者が不利益を被ることはなくなる。

そうすることによって、企業の戦略的なマインドセットや目標、そしてビジョンを、取締役、CEO、そしてCEOの後継者たちの任期をはるかに超える最も長期的な株主の利益と一致させることができる。25歳の従業員が40年後に退職できることを期待して自社の株式に投資することを想像してみよう。取締役は彼らの資産の管理人（steward）である。自社の時間軸を設定する際には、彼らのことを考えなければならない。

長い目で見れば、すべてが良いことへと向かうだろう。

戦略をマネージするためのチェックリスト

- □ 長期的価値を生み出す取り組みの進捗を確認するために、それを測る指標で構成されるダッシュボードを作成する
- □ 短期と長期の計画を結びつけるために、取締役会での戦略的な議論を使う
- □ 長期的成長のために自社の市場モデルを構築する際には、特別な専門性を持つ取締役を活用する
- □ ビジネスの新潮流を把握するため、経営幹部を出張させる
- □ 破壊的なテクノロジーや新興企業を特定し、投資するようCEOを促す
- □ 合併や大きな戦略的施策を検討するときには、反対意見を持ち込んだり、賛成派と反対派のチームで競争させる
- □ 合併が想定通りの成果を生んでいるかどうかを確認するため、毎年、事後評価を実施する
- □ 各事業が自社の強みを活かし、長期的な目標に合っているかどうかを定期的に見直すことが、何を売却すべきかについての難しい選択を助ける
- □ 戦略の想定外の成果について、それが良い時にも悪い時にも経営者に問う
- □ 長期的な株主利益を高めるために、すべてのステークホルダーのニーズを考慮する

第3章

リスクをマネージする

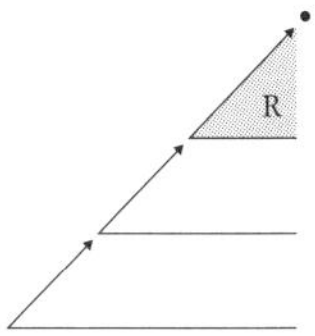

大不況。ボーイングの大惨事。新型コロナウイルス。近年、アメリカ企業の早期警戒システムは機能していない。それは、企業が悲惨な出来事を予測できなかったからだけでなく、未知のリスクが現れたときに行動する準備ができていなかったからである。また、そのリスクが生み出す長期的な機会をうまくとらえる準備もできていなかった。

リスクは、取締役会が、それに対して戦略を評価する新しいＴＳＲの第三の柱である。そして、リスクに対する考え方を変えることは、長期視点で経営する取締役会に委託された責務の１つである。従来、取締役会は、損失の可能性を最小限に抑えるために財務的なリスクにフォーカスしてきた。確かに、恐ろしい脅威がいつ来てもおかしくない時代には、この種のリスクを軽減することは、取締役会にとって最も慎重に取り組むべき責任であると言える。しかし、新しいＴＳＲの主な目的は将来の価値の創造である。この目標を達成するために取締役会は、リスクの概念を考え直す必要がある。

新しいＴＳＲを採用する取締役会は、２つの異なる相互に関連するリスクに向き合う必要がある。取締役会は、大惨事につながる可能性があり、致命的になり得る出来事が起こる可能性に備えて計画を立てなければならない。リスクの１つは、サイバー犯罪のように存在は知っているものの発生確率が予測できないものである。そのようなリスクは未然に防いだり、軽減できる可能性がある。もう１つのリスクは、新型コロナウイルスのように、「青天の霹靂」と言うべきものである。人類は対処の仕方を知らず、途方に暮れるばかりだ。

同時に、リスクをどのように監視し、それに対してどのように意思決定するかというリスクマネジメントにおいて重要なのは、取締役会のリスク選好度である。リスクのこの側面は、成長のポテンシャルを提示する。ビジネスとは、単に、事業を継続して収益を挙げることではない。ビジネスにはリスクが必然的に伴う。リスクは、長期的な成長のために必要な、合理的で情報に基づく賭けをする機会を提示する。企業はどんな環境にあっても、その機会を活かすために、リスクをマネージできるようになる必要がある。

図 3-1 ｜ **新しいTSR：リスク**

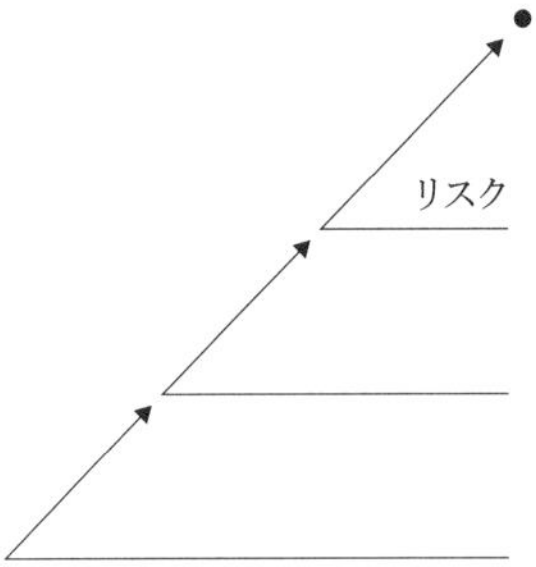

コンプライアンスリスクからオポチュニティリスクへシフトする
長期的な成長のために必要な情報に基づいた賭けをする

定期的なERM監査を実施する
半年ごとにオペレーショナルリスクとレピュテーションリスクをレビューする

未知なるものに備える
自社からは遠いリスクの可能性も考慮した軽減策を立てる

リスクをバランスさせる
全財産を賭ける前に、すべてのデータを集めたことを確認する

ハッキングの懸念に対応する
システムの穴を見つけるため、従業員にインセンティブを与える

「クリティカル2%」の経営幹部を保持する
クリエイティブなリテンション戦略を使う

バフェットの4つの質問をする
監査人と協働し、問題をありのままに見る

知ることができないことを予測することはできない。しかし本章では、予期せぬ脅威が発生したとき、どんな仕組みがあれば企業を守ることができるかを示す。それによって、企業が長期にわたって存続し繁栄するために、どの程度のリスクを取るべきかを取締役が判断できるよう支援したい（図3－1）。

差し迫ったリスク

その発生源、影響、原因、脅威など、リスクの範囲は常に拡大している。リスクには、全社的に影響を与えるリスクもあれば、特定の事業部門のみに影響を与えるリスクもある。また、リスクには、会社の外部で発生するものもあれば、会社の内部から発生するものもある。賢明な企業がどのようにしてあらゆるリスクに対応しているかを紹介しよう。

取締役会は、毎年、会社が直面している最も差し迫ったリスクに対応する優先順位を設定する必要がある。長期的な成長の実現を脅かす、現在顕在化しているリスクのうち、最も緊急性の高いものは以下の通りである。

マクロ経済や地政学リスク　閉鎖的でより保護主義的な活動へと向かう動向は、現実のものになっている。近年ではトランプ大統領とブレグジットが最も顕著な例だったが、取締役は、良くも悪くもグローバル化が後退していく可能性に対処しなければならない。

サイバーセキュリティ・リスク　単に機密情報を失うだけではなく、顧客からのロイヤルティを永遠に失う可能性がある。だが、ほとんどの取締役は、ハッキングから会社を守る方法はおろか、脆弱性すら理解していない。

アクティビズムリスク　長期的戦略と短期的戦略との緊張は、かつてないほど高まっている。企業は、短期的なアクティビストによる企業統合への脅威と、長期的なアクティビストによる経営陣への絶え間ない圧力との間で挟み撃ちにあっている。

不法行為者のリスク　セクシャルハラスメント、会社の資金や技術の窃盗、詐欺など、不法行為者は、フォルクスワーゲンがディーゼル車の排ガススキャンダル後に直面したように、罰金や、顧客を失うことによって数十億ドルの損失を会社に与え、また、ウェルズ・ファーゴやボーイングのように、会社の評判や価値観、理念に長期的なダメージを与える。

サプライチェーン・リスク　多くの企業は、在庫コストを抑え、需要に迅速に対応するために、ジャストインタイム・デリバリーを推進してきた。しかし、新型コロナウイルスのパンデミックによる影響を見れば、企業はもはや、サプライヤーから継続的な納入を期待することはできない。

これらのリスクに向き合い、前進する方法を紹介しよう。

生き残るための経営資源を持っているか？

パンデミックは、すべての企業が知っておくべきことを明らかにした。それは、長期的な見通しを持つためには、最悪のシナリオに対する計画を準備しておかなければならないということである。企業の流動性が高ければ高いほど、危機を乗り越えるための選択肢が増える。時に短期的な投資家が失望するような、支払能力の高いバランスシートを維持してきた企業は、生き残りとその後の発展のために最も有利な立場にある。コーン・フェリーのＣＥＯ、ゲイリー・バーニソンは、「最悪のシナリオは、今やベース（標準の）ケースと考えなければならない」と語る。

長期的に生き残るためには、企業は不必要な費用をすべて取り除き、その他の費用すべてを改めて合理化する用意をしなければならない。コン・ウェイの元CEOで、エイコム、LSCコミュニケーションズ、リライアンス・スチール＆アルミニウムの取締役を務めるダグ・ストットラーは、企業が検討すべきアクションとして、計画されているすべての設備投資を見直すこと、複数のクレジットラインを引き下げて緊急時の流動性を確保する独立した口座を作ること、経営幹部の給与を職位に応じて10～20％の範囲で一時的に削減し、それと同程度の削減を取締役会でも実施すること、売掛金と買掛金のバランスを取ること、などを挙げている。

多くの取締役会では、経営陣が銀行とより緊密に連携するように促している。債務戦略、新たな資金調達とリファイナンスのオプションなど、すべての項目を検討の範囲に入れる必要がある。すべての計画を現金の維持に集中しなければならない。

正しい専門性があれば、より迅速に対応することができる。金融危機の際、フォードの筆頭取締役を務めたこともあるエスティ・ローダーの筆頭社外取締役のアーヴ・ホッカデイは、フォードで同僚の取締役でありゴールドマン・サックスの元共同CEOであるジョン・ソーントンが銀行業界での評判が高かったおかげで、フォードの流動性危機を乗り切ることができた、とその功績を認めている。企業が直面する新たな現実に対処し、長期的に自社を守りたいのであれば、金融業界で尊敬されている人物を取締役に迎えるべきである。

人材リスク

「企業は人なり」と考えるなら、長期的な目標を達成するうえで、人材を失うリスクを最も重要な要因として扱わなければならない。このリスクに備えるため、取締役会は2つの完全に異なる戦略を選択する必要がある。1つ目は、人材の流出を防ぐために、より多くの資金を投入してリスクを回避することである。そのためには、重要な社員に対するリテンションボーナスによって人材プールを一定年数保持するためにかかる必要金額を見積もる必要がある。2つ目は、リスクを受け入れることである。特別なインセンティブがなければ一定数の重要なスタッフが退職する可能性があると認識しておくことで、その他の施策に投資するための資金をより多く確保することができる。

取締役会の役割は、経営陣がこの2つの戦略のどちらを取るかを決めるうえで、論理的な意思決定を下すために必要な情報収集をしっかり行っているかどうか、を確認することである。つまり、経営陣は、人材を失うこと自体が長期的価値の創造に明確な影響を与えることを認識したうえで、人材の流出を抑えるために自社がどれだけ投資をする必要があるのか、同じ投資を他の施策に行った場合に自社がどれだけの長期的価値を生み出すことができるのか、を示さなければならない。この点について、ＴＩＡＡのＣＥＯであるロジャー・ファーガソンは、取締役会はリスクの概念を監査や流動性といった従来の関心事を超えて広くとらえる必要がある、と主張している。「人材、戦略、企業文化について取締役会の知識を深めることは、リスクの軽減や、リスクを機会として活用することに役立つ」と彼は語る。

危機的状況下では、経営幹部の継続性が最も重要であるため、この議論はパンデミック後の時代には不可欠である。エトナの元ＣＥＯであり、ジョンソン＆ジョンソン、アメリカン・エキスプレス、ボーイングの取締役でもあるロン・ウィリアムズは、ＣＥＯとＣＦＯだけでなく、すべての主要な経営幹部を対象にした緊急時のサクセッションプランが必要であることを改めて指摘している。企業を長期的に発展させるためには、最も重要な機能を担う人材を特定し、彼らを維持する対策を講じるべきである。

筆者が好きな経験則の１つに、企業価値の98％をマネージしているのはその企業の２％の人である、というものがある。モノづくりをする企業にとって、仕入先や製造設備は最も重要な機能である。製薬会社アッヴィのエグゼクティブ・バイスプレジデント兼人事責任者のティモシー・リッチモンドは語る。「それぞれの機能が、異なるレベルのリスクを生み出す。このレベルの違いを特定し、それぞれを分けて考えることで、経営資源を効率的に配分することができる」

重要な人材を失うリスクを減らすために、取締役会は、自社の重要な機能それぞれに関わるリスクを理解する必要がある。製薬会社にとって自社製品を販売できるよう各国政府と交渉して市場参入を準備する仕事は非常に重要だと、リッチモンドは指摘する。「製薬会社の出身でない取締役はこのことを知らない。取締役会は、時間をかけて自社の固有の特徴を理解する必要がある。それが良い会社と偉大な会社、さらには今後も成長できる会社を分ける要因となる」と彼は語る。もう1つのポイントは、このような役割を果たす責任があるのは誰なのか、ということだ。もし取締役会がこのような要因を見過ごすならば、自社は市場を失うリスクを冒すことになる。

合併も企業に人材リスクを突きつけるが、経営幹部の短期的なリテンション契約以上のことを考える企業はほとんどない。しかし、獲得する会社の人材層の厚さは、合併後の企業が長期的に成功するうえで非常に重要な要因となる。

そのために、取締役会は、すべての合併の前に人的資本監査（human capital audit）を要求すべきである。企業は通常、ターゲット企業の負債やバランスシートを精査し、未解決の法的問題を特定するために調査を行い、戦略的なリスク分析を行って、全体像を把握する。しかし、経営陣全体の質や、ディール後に経営陣が維持される可能性を評価する企業はほとんどない。

例えば、合併される会社の経営者のほとんどは、合併後、長くはとどまらない。経営権の移動が効力を生じると、彼らはすぐに金持ちになって、現金を手にすることができる。旧ＣＥＯは新ＣＥＯに報告しなければならないことに窮屈さを感じ、無力化する。また、存続会社の方はコストを削減したいと考えるようになるため、旧経営チームを解雇する動機がある。そのため、ディールをクローズする前に合併される会社の上位25人の監査を行い、何人残るのかを把握しておくと、実際には買ったのは何なのかについてより明確にすることができる。企業は通常、合併が完了した後にこのような監査を行うが、それでは遅すぎる。

戦略的なリスク

戦略をマネージすることには、リスクを回避することとリスクを取ることの間に起こるのと同じトレードオフが伴う。リスクの受け入れ度合いは、確保された流動性の量、負債・資本比率、債券のデュレーションなどの財務的な指標に顕著に現れる。金融機関では、これらの指標は非常に厳しく規制・管理されている。例えば、連邦準備制度理事会（ＦＲＢ）は、必要な自己資本の水準を命じている。また、金融機関では、リスク・アービトラージによって収益を挙げる機会があるが、この分野での活動も規制されている。

非金融機関では、戦略的にリスクを取る機会に関する決定は取締役会の役割であり、市場がリスクを効果的に規制しているなかで、ジャンク債の発行などを行う。また、企業はＭ＆Ａを通じてリスクを取る。ＣＥＯが最終的な入札を行って、ここでストップするという決定を表明しても、取締役会がそれを覆して続行にＯＫを出すこともある。

これは世界でどのように行われているのだろうか。31億ドルの製薬サービス企業であるキャタレントがその好例である。２０１７年、ＣＥＯのジョン・チミンスキーと取締役会は、より積極的な成長戦略を追求することを決定し、チミンスキーは市場の急成長分野に自社を位置づけるための買収案件を探し始めた。そのなかで彼は、バイオ医薬品の受託製造会社クック・ファーミカを見つけ、同社はキャタレントにうまくフィットすると考えた。チミンスキーは取締役会の支持を得てオファーを出したが、売り手はより高い価格を要求した。何度か交渉した後、チミンスキーは買収をあきらめかけた。しかし、取締役会は、価格よりもその取引が生み出す価値に関心を持ち、チミンスキーにさらに高値を提示するよう後押しした。リスクとリターンのバランスに注目することで、チミンスキーは慎重な姿勢を変えた。そして、結果として業界地図を一変させる買収を9億5000万ドルで実現し、キャタレントの市場価値を2017年の取引完了前の60億ドルから、2020年後半には200億ドルにまで高めることに成功した。

これとは逆に、保守的な傾向を持っているのが取締役会であり、CEOが絶好の機会と考える買収や大規模な事業拡大を取締役が支持したがらないことがある。このような場合、CEOは時間をとり、進めるべきことを示すファクトと理由を明確に説明すべきである。

そのような場合、キャタレントの案件のように、リスクが生み出す価値とそのリスクを取るメリットについての意見の相違が問題となる。これらの案件は、自社が多額の負債を抱えるギャンブルのような大型プロジェクトである。意思決定者が賞賛を受けるか、そのディールによって自社を漂流させてしまうかのどちらかになる。すなわち、リスクを取ることは、自社を財務リスク、ビジネスリスク、そしてミクロ経済リスクにさらすことになる。それには、例えば、1990年代初頭にシティグループが実行したレバレッジド・バイアウト（LBO）、開発途上国向け、不動産向けの融資すべてが債務不履行に陥ったときのように、企業またはその顧客が破綻するリスクも含まれる。取締役会は、それらすべてをふまえ、リスクを取るメリットについて取締役会自身が持つバイアスとCEOが持つバイアスを意識しなければならない。

リスクを取ることは重要な戦略的な決断である。多くの企業では、リスクは監査委員会の管轄だが、この委員会は非財務的なリスクを監督するのにはふさわしくない。このようなリスクをマネージする重要な役割は「戦略・リスク委員会」が担うべきであり、そのために２つの機能を１つにまとめるべきである。その委員会はこれらの決定権を持ち、そしてその責任を負うべきである。

しかし、取締役会にその役割を果たせる人材がいないこともある。監査委員会の委員長にふさわしい取締役は何人かいるかもしれないが、彼らは主に会計方針や財務報告の領域に精通した人たちである。また、必要なテクノロジーやテクノロジー・リスクマネジメントに専門性を持つ人材が取締役会に不足していることもある（第５章参照）。取締役会にリスク委員会がない場合は、監査委員会が外部の専門家を起用すべきである。多くの組織がフィーベースでこの役割を支援している。自社がそれを活用しているかどうか確認すべきである。

さらに、監査機能は、リスクの一要素、すなわち軽減したいリスクしか見ておらず、積極的に取って利益を得るリスクには対処していない。ＷＳＦＳフィナンシャルの元ＣＥＯ、マーク・ターナーは、「監査委員会はリスクマネジメント委員会ではなく、リスク回避委員会である。委員会の中のこの２つのマインドセットを分けて考えないと、企業は誤った判断を下すことになる」と語る。そして、どの委員会がリスクに関する主要な責任を負うにしても、委員会は保有する情報をすべての取締役に伝えなければならない。ターナーはさらに語る。「取締役の全員が、自社のリスク選好度、リスクの測定方法、主要なリスク指標、リスク管理方法、そして、どこで失敗しているか、を理解する必要がある」

もしビジネスの本質がリスクを受け入れる意欲であるとすれば、取締役会がボトルネックであることがあまりにも多い。これは個々の企業だけでなく、公開市場の長期的な存続にも影響を与える。取締役会はリスクを取るために報酬を得ているわけではない。実際、取締役会はCEOにリスクを取らないように働きかける。しかし、キャタレントの取締役会はこの点で例外的であった。バリューアクト・キャピタルとインクルーシブ・キャピタルのジェフリー・アッベンは、「ふつう取締役会は逆張りしない。彼らは通常、CEOや経営陣のレンズを通して見た情報を与えられる。彼らはビジネスに短期的な影響があることを恐れ、CEOに反対することを恐れる」と語る。取締役が議論するとすぐに降りてしまうのは、最も抵抗の少ない道を選びたいからである。

その結果、公開市場は死にかけており、非公開市場では期待リターンが低すぎる不適切な価格形成がなされていると、アッベンは考えている。「すべての富は個人所有者（オーナー）が得ることになる。それは所得格差を拡大することになる」

保守的な企業は短期主義に陥りがちである。思い切った冒険をするということをしないため、リスクがもたらす機会に目を向けず、業界の破壊者からの攻撃を受けやすくなる。それは例えば、新聞社のビジネスを根底から覆したリスクである。本当のリスクは、顧客が新聞以外の他のメディアから無料でニュースを得てしまうことであった。自社のビジネス全体が破壊される可能性があるということは、安全策を取って現状維持を長く続けることがリスクの最も大きいオプションとなり得る、ということを意味する。最小のリスクを取ろうとする人が、最大のリスクを負うことになるのである。それは結果的に陳腐化への末路を辿る。ghSMARTのエレナ・ボテリョは語る。「適応できなかったというストーリーの裏には必ず、一時は非常に利益が高かったが時代遅れになったものを手放さなかった、という失敗のストーリーがある」

破壊的な変化は企業の中でも起こる。事業が大きな変革を実行すると、そのリスクプロファイルが高まる。それまでは安定した成長と安定した競争があり、ビジネスプロセスはすべて整備されていた。しかし、そこで買収をするとすべてが変わる。買収は自社に破壊的変化をもたらすのである。しかし、これは2つの破壊的変化のうち、良い方である。なぜなら、自ら変化を計画し、その影響をマネージして長期的な価値を生み出すチャンスがあるからだ。

破壊的な変化がもたらすリスクは、予防よりもそれへの対応がますます重要になってきていることを示す例である。どんなに潜在的なリスクを見つけようと試みても、多くの場合、驚かされることになる。予防から方向を転換し、迅速かつ効果的にリスクに対応できるようにする能力は、リスクを特定することと同じくらい重要である。そのためには、会社全体に影響を及ぼすようなリスクをもたらす事象を想定し、そして、会社を1つの生命体として考えなければならない。

全社的リスク

パンデミック後のリスクマネジメントでは、長期的価値を創造する能力に対する脅威だけでなく、企業の存続を脅かす要因も考慮する必要がある。取締役会の役割は、自社が外部の脅威を特定するシステムと、それに対応するプロセスを整備していることを確認することである。有事の際に制定される法律に具体性を与えるには、すべての主要企業を対象に調査を行い、リスクコントロールのベストプラクティスを明らかにし、共通の問題点を探し、おそらく政府と連携してデータを共有することが有効だろう。この早期警戒システムをマネージできるのは、CEOとゼネラルカウンセル（法務担当役員）の下にいるスタッフである。

そのゴールは、全社的なリスク、つまり企業全体の経営に影響を与えるリスクに対応するモデルを構築することである。自動車部品メーカー大手のタイコ・インターナショナルでは、２００９年に発生した新型インフルエンザの際、全社的なリスク評価システムの真価が発揮された。２００９年４月、新型インフルエンザはタイコの製造拠点があるメキシコで発生し、タイコは工場を閉鎖するかどうかの判断を迫られた。それは、タイコの顧客に自動車メーカーとの契約不履行によって厳しいペナルティを科される可能性を突きつけるものであった。

タイコでは、前ＣＥＯのデニス・コズロウスキーの不正会計をきっかけにして、エンタープライズ・リスク・マネジメント（ＥＲＭ）のシステムを導入していた。最初のステップは、会社全体に影響を及ぼす十数個のリスクカテゴリーを特定することだった。当初は、財務リスク、法務リスク、戦略リスク、環境リスク、知的財産リスクなどが含まれていたが、それらは毎年変更されることになった。タイコのＥＲＭ委員会のメンバーは、それぞれ１つのリスク領域に責任を持ち、それぞれが全社的なチームを編成して、調査の結果を定期的に取締役会に報告した。

その後、経営陣は主要10事業部のリスクを評価し、各事業部に固有のリスクカテゴリーを見つけ出し、同様に各地域に固有のリスクを見つけ出した。このようにして、タイコのシステムは会社全体を横断すると同時に、個々の事業にも深く入り込んでいた。

このシステムは、新型インフルエンザの危機に対応するうえで非常に重要なものとなった。それ以前は、個々の事業部がそれぞれ独立して運営されており、個々のオペレーションが会社全体のパフォーマンスにどのような影響を与えるかはあまり見られていなかった。しかし、２００９年にはこうした懸念が中心的なものとなった。ＥＲＭ評価委員会は、メキシコの部品工場が閉鎖されるとその部品を使用している他の工場も閉鎖せざるを得なくなることを示して、事業部のチームリーダーが自ら積極的にリスク評価を行うよう説得した。また、委員会は、この波及効果について説得力のあるプレゼンテーションを行って、コーポレート部門からも支持を得た。ＥＲＭシステムが立ち上がり稼働していたことで、タイコは危機に迅速に対応することができた。

タイコはリスクを広くとらえていたが、リスクを広く一般化することは不可能だ。ステート・ストリートのＣＥＯであるロン・オハンリーは、「全社的なリスクの質と幅は、業界間でも、同業界内のセクター間でも、企業間で劇的に異なる」と語る。それでは、取締役会はリスクについてどのように考えるべきなのか。目線を上げて少なくとも5〜10年先までを見るべきである。時間軸が長ければ長いほど、あらゆる可能性をとらえるためにより広く網を張る必要がある。例えば、気候変動リスクについては、実際に起こることよりも、起きる可能性があることの方がずっと多いことを受け入れ、そのすべてに備えなければならない。

複数の企業の取締役会に参加している取締役は、全社的なリスクが異なる環境でどのように展開するかについて、優れた洞察を示すことができる。ティー・ロウ・プライスの元会長であるブライアン・ロジャースは、航空機のエンジンなどを製造するユナイテッド・テクノロジーズと住宅リフォーム用品と家電を販売するロウズの取締役を務めている。ユナイテッド・テクノロジーズでは、第一の懸念は製品リスクであった。「私は、世界の航空会社に納入される製品や、飛行機のコックピットに搭載される電子機器のサイバーセキュリティのリスクを考える。一方、ロウズの大きなリスクは、ブラックフライデーにウェブサイトがダウンしてしまうことであり、それは実際に昨秋に起きて、一時的にではあったものの、大きな売上を失うことにつながった。私はロウズの製品については、ユナイテッド・テクノロジーズの製品のようには心配はしていない」

全社的なリスクをマネージする方法の1つは、全社的なリスクと事業ごとのリスク、社外で発生するリスクと社内で発生するリスクというリスクマトリックスを構築することである。それぞれのリスクをどのように特定し、それぞれにどのように対応するか、すなわち、それを軽減するのか、あるいは長期的な機会を生み出すことのために活用するのか、を決めなければならない。

マトリックスを使えば、水平方向のリスクと垂直方向のリスクの両方を見ることができる。デルファイ・オートモーティブの会長であるラジ・グプタは、そのような2段のアプローチをとっている。第1段はトップダウンのリスクである。例えば、危険地域にある資産、業界を大きく変える力、為替などの経済的リスクなど、長期的に企業のあらゆるオペレーションに影響を与える全社レベルの包括的なリスクである。第2段は、グプタが「インサイド・アウト・リスク」と呼ぶ各ビジネスにおけるリスクで構成される。例えば、製品の製造に関する問題や、大きな買収後の組織統合の課題である。ポイントはこの2つを結びつけることである。異なる部門におけるリスクの相互関係が会社全体にどのような影響を与えるかを考える。

リスクを特定するだけでは十分ではない。その発生確率とインパクトについても考えなければならない。発生確率がより高く、インパクトが非常に大きいものにフォーカスする。優先度の高いリスクは時間の経過とともに変化するため、その軽減策も変化させる必要がある。グプタは語る。「これは動態的なプロセスである。実行して数年後にはやめてしまうものではない。常に更新していかなければならないのだ」

賢明な企業は、リスクに対応するためのフィードバックプロセスを構築する。彼らは長期的な価値を生み出す能力を脅かす可能性のある、あらゆる要因について理解するため、外部の情報源にくまなくコンタクトし、そこから得た情報を全社的に共有している。例えばＷＳＦＳは、会社が従業員や顧客、外部からのフィードバックを得る、組織内のあらゆるポイントから情報を収集している。それらは、コールセンター、社長室、商事改善協会（the Better Business Bureau）、消費者金融保護局への苦情、内部監査や倫理ホットラインに寄せられる従業員の内部告発、ソーシャルメディア上のコメント、ギャラップの毎夜の顧客サーベイなどである。

ＷＳＦＳは、毎月、それらの情報を収集して入念に調べ、対処すべき具体的な問題や修復すべき組織の亀裂を特定している。マーク・ターナーによると、ＷＳＦＳはこのような定期的な活動によって、ウェルズ・ファーゴが実在しない人や必要としない人に口座を開設して、自社と顧客に打撃を与えたような問題に先手を打つことができたという。

リスクの急速に変化する特性を考えれば、取締役会は、四半期ごとの会議だけで経営陣がその軽減策に適切に取り組んでいるかどうかを確認することはできない。会議の間にも最新の情報を得ておくことが必須である。デルファイのグプタは語る。「取締役会を驚かせてはいけない。何かが起こったときには取締役会に注意喚起し、どのような形であれ、取締役たちが参加を望む会議を開くのがＣＥＯの役割である。これは、取締役会だけでなく、株主との信頼を築くための一部でもある」。デルファイではＣＥＯは、何かが起きるたびに取締役会に1～2ページのレポートを送り、その後60～90分の電話会議を行う。取締役会は、経営陣がそのように報告するよう確認すべきである。

戦略・リスク委員会はリスクのマネジメントにおいて主導的な役割を果たすべきだが、その仕事を1つの組織に完全に任せることはできない。その責任は分散させなければならない。ゼネラルカウンセルやサイバーセキュリティ委員会のメンバーは、すべてのリスクをまとめ、今後それらにどう対処するかについての提言を行う。そうすることで、異なる委員会が個々の要素に取り組むことができるのだ。

メルクは、リスクを過度に集中させる危険性について、厳しい学びを得た企業である。2017年、同社はウクライナで最初に確認された悪質なランサムウェア「NotPetya」の被害に遭った。NotPetyaに感染後8分で、メルクの全世界のシステムはダウンした。メルクのシステムがこれほどまでに脆弱だった理由は、同社のサイバーアーキテクチャーが水平的で、完全につながっていたからである。

メルクは、ネットワークのセキュリティにかなりの注意を払っていたにもかかわらず、このような惨事が起きた。メルクの取締役で、元オグルヴィ＆メイザーのＣＥＯシェリー・

ラザラスによると、メルクは定期的にサイバーセキュリティのレビューを行っていたという。通常、非財務リスクを取り扱うにはふさわしくない監査委員会がサイバーセキュリティを担っており、同委員会は定期的に報告書を取締役会に提出していた。彼女は語る。「議論はされた。質問もされた。ＣＩＯが定期的に取締役会に出席し、サイバーセキュリティのために実施していることをすべて話していた。しかし、アーキテクチャーに、もし誰かがハッキングしたらすべてが終わってしまう、という驚くべき脆弱性があることを誰も知らなかった。アーキテクチャーには防護壁がなかったのだ」

メルクはサイバーセキュリティに取り組んでいたにもかかわらず、見るべきものを明らかに見ていなかった。ラザラスは語る。「サイバーセキュリティのリスクはどこにでも存在する。それは常に研究と調査のトピックでなければならない。しかし、同時に少し謙虚になって、すべてを見ることはできないし、すべてを見つけることもできないと言うことも必要である」。ラザラスは、新型コロナウイルスのパンデミックが発生する前にこう語っていた。「次のリスクがどこから来るのかを正確に評価することはできない。それが私たちが考えてもいなかったことであれば、それこそが本当に重大なものになるのだ」

テクノロジー業界にいるかどうかにかかわらず、すべての企業の中心にテクノロジーがあるなかでテクノロジーリスクを監督することは、長期計画を守る取締役会の重要な任務である。賢明な企業はどのようにそれに取り組んでいるのだろうか。ＧＭは、同社のシステムのサイバーセキュリティと、自動車の電子化・コネクテッド化とクルーズ部門での自動運転化がこれまでになく進むなかでの自動車の安全性、という2つの課題に直面していた。

取締役会はまず、専属のサイバーセキュリティ委員会を設置してその専門知識を強化し、また、航空宇宙分野のエンジニアを委員長に迎えた。そして、コンサルティング会社のブーズ・アレン・ハミルトンにリスクアセスメントを依頼した。ＧＭのＣＥＯメアリー・バーラは語る。「彼らの提言の1つは、サイバーを1人の人間の下にまとめる必要があるというものだった。現在では専門のチームを統括する最高サイバーセキュリティ情報責任者（Chief Cybersecurity Information Officer）を置いている」

そして、ＧＭはこの仕組みを全社的に展開した。クルーズ部門、ＧＭファイナンシャル部門、製品開発部門、そして伝統的なＩＴ部門にチームを組成した。この問題を詳細に検討するうちに、ある複雑な問題が浮かび上がってきた。ＧＭは世界各地に事業を展開しており、中国には技術センターがある。また、サプライヤーやディーラーなど、重要なビジネスのすべてが完全に自社の管理下にあるわけではない。そのため、地理的な違いを考慮し、外部の関係者と密接に協力して、それぞれの領域のリスク要因に対処する必要があった。サイバーセキュリティ部門は監査と同じように、独自の予算を持っている。「もし私たちが予算を変更する場合は、取締役会のサイバー委員会に諮らなければならないことになっている」とバーラは語る。

したがって、取締役会に新たに責任領域を設け、コンサルタントの支援を受けてリスクアセスメントを行い、事業部門と地域部門の両方を考慮した全社的なリスク対応策を展開し、サプライヤーや販売者の協力を得る、そして、監査機能と同じく、独立した予算を与える、というのがそのやり方である。

ＧＭの例が示すとおり、大企業のかかえるリスクは、その範囲の広さとあらゆる事態の想定が難しいことの両面から、非常に複雑なものになる。この複雑さを監視する方法の１つが、リスクダッシュボードの作成である。バンガードの元ＣＥＯジャック・ブレナンは語る。「オペレーショナルリスク、リーガルリスク、政府に関するリスクなど、潜在的に企業の価値を損なう、衆目の一致するリスクが存在する。これらのリスクは、すべての企業の取締役会で議論されるべきものである。そして最も大きなリスクであるレピュテーション（評判）リスクもそうだ」。リスクダッシュボードは、取締役会が迅速に集中して議論するための良いツールとなる。

自社のシステムに「戦闘テスト」を試みる企業もある。システムをハッキングさせ、脆弱性を露呈させることができた社員に報酬を与える例もある。ある大手企業では、事業部門の技術スタッフに財務部への攻撃を試させた。また、別の企業では、サプライヤーをハッキングした経験のある人を自社のサイバーセキュリティ・プログラムの運営責任者に採用した。いずれの場合も、企業はテクノロジーリスクにつながる行動の第一の動機、つまり、「クラッキングする満足感」を使い、認知や報酬という利益に変えることによってその動機を取り除いたのである。

不法行為のリスク

企業は、外部のリスクやオペレーション上の脆弱性に加えて、経営者やスタッフの不法行為や不適切なビジネス慣行から生じるリスクにも直面している。取締役会は、この最も憂慮すべきリスクの発生源について、常に情報を得るためのプロセスを開発しなければならない。ティー・ロウ・プライスのロジャースは語る。「私は外部で不法行為を行う者よりも内部で行う者の方をより憂慮する。私たちのリスクマネジメントとリスクコントロールに対する投資は、25年前に監査委員会のミーティングで付け足しのようなものだった時間に比べると、ほとんど等比級数的に増加している」

しかし、悪者たちによるリスクは、多くの企業を驚愕させているようだ。例えば、多くのサイバーセキュリティに関する記事によれば、ハッキングは主に北朝鮮やロシア、中国などから行われており、私たちは、彼らが私たちの秘密を少しずつ盗み、例えば社会保障番号をインターネット上で公開するなどと想像している。しかし、より大きなリスクは従業員によってもたらされる可能性もある。

賢明な企業は、このような悪者たちから自社を守るための対策を講じている。例えば、アッヴィでは、従業員による知的財産の窃盗を防止するシステムを導入している。従業員が会社に対して怒っている場合、会社に仕返しする方法の1つはデータを盗むことだからだ。従業員が退社する際、アッヴィは彼らのコンピューターアカウントへのアクセスを遮断し、彼らのすべてのデータを別の場所に移し、それを厳重に監視する。盗難を完全に防ぐことはできないかもしれないが、データが失われるのを防止することは、企業が取り組むべき重要な課題である。

不法行為のリスクは、必ずしも金に目がくらんだためではなく、人間の弱さからくるものである。バークシャー・ハサウェイのウォーレン・バフェットは、人が倫理的な規範から外れる多くの原因を見てきた。バフェットはこう語る。「私は、根本的な不誠実さが人に道を外れさせるのではない、と思う。それは人間の性である。本当にまともな人、知的な人はたくさんいる。その人たちが私の娘と結婚してくれたり、隣に引っ越してきてくれたりしたら、それは嬉しいことだ。しかし、彼らはただ困難に向き合おうとしない。そして、取締役会はふつう彼らにそれを強いることもない」

業績へのプレッシャーが不健全な行為につながることもある。人材・報酬・実行委員会は、このような人間的な要因によるリスクに注目する必要がある。特に、会社のトップ20～30人は、会社の経営に非常に大きな影響力を持ち、多大な損害をもたらす可能性がある。例えば、1990年代半ばから後半にかけて、ルーセント・テクノロジーのCEOリチャード・マッギンは、同社の収益を急成長させようとしていた。利益の40%はドットコム企業に投入され、サプライヤーは1社に大きく依存していた。しかし、ネットバブルは崩壊した。ルーセントの売掛債権は大幅に膨らみ、それが会社を傾けた。このリスクは、個人の傲慢な野望によってもたらされたものである。

多くの場合、不正は悪い企業文化にまつわるリスクであり、人種差別や経済的不公平など、より広い社会の文化の中心にある悪に結びついていることが多い。アッヴィのティモシー・リッチモンドは語る。「このリスクカテゴリーは、しばしば監査リスクとして考えられている。しかし、ボーイングで起きたことを見れば、このリスクはより広く人的資本に関連していると言える。自社が、地域社会の中であれ従業員の間であれ、企業文化や信頼の獲得を重視していなければ、不正のリスクは加速する。一旦そうなると、それは手に負えなくなる」

リッチモンドは、悪い企業文化のリスクは長期的に企業を衰退させる可能性があると強く考えている。人々が盗みを試みたり、良くない行動をとることにインセンティブが働いたり、企業の評判を傷つけたり、またそれをまったく気にしないというのは、企業文化の要素となる。これらをうまく改善することによって、従業員の中に一段高い期待を生み出し、問題を予測して未然に防ぐためのシステムやプロセスを確実に実施することができる。

エンロン、タイコ、フォルクスワーゲン、ウェルズ・ファーゴなど、企業文化が悪化した企業の問題の根源は、経営者が作り出す悪い文化にある、とリッチモンドは主張する。「何を成し遂げるかと同じくらい、どう成し遂げるかが重要だ。人をどのように扱うかが企業の文化を作る。そうでなければ、経営者の発言と行動がずれ、企業文化を悪化させるリスクを生み出してしまう。企業文化はプログラムではない。経営者が日々何を行い、どう人と関わり、どう反応するかを反映するものなのだ」

そのため、企業は、期待する文化を支える行動要件を詳しく書いた行動規範を作り、全従業員にそれに署名させることが望ましい。倫理規定がきちんと実施されていれば、ウェルズ・ファーゴは押し込み販売を防ぐことができたかもしれないし、それに関与した主要な社員や経営者を解雇する法的根拠にもなったかもしれない。

多くの企業が行動規範を定めているが、すべての企業が署名を求めているわけではない。広範で優れた行動規範の例としてグーグルのものがある。6000語以上にわたって、自社の評判、機会均等、いじめ、薬物とアルコール、利益相反、顧客との関係、機密保持、知的財産、財務的なインテグリティと責任、競争法と取引法、政府との関係などを網羅している。このような規範は、従業員の行動の指針となると同時に、会社と顧客を守ることにもなる。

人が悪意または悪習によって倫理的に外れた行動を取ることに備え、取締役はポリシーやグッドガバナンスからの逸脱をコントロールする仕組みを導入する必要がある。バフェットはしばしば監査委員を務める。バフェットが取締役の報酬に関して禁欲的であることが広く知られているため、企業は彼を報酬委員には任命しない。バークシャーの取締役の報酬は2018年に平均で年2700ドルである。

バフェットは、バークシャーが莫大な投資をしたある会社のことを思い返す。彼は年次業績報告書や四半期業績報告書を熟読し、取締役が優秀かどうかを確かめる良いテストとして、取締役会で突っ込んだ質問をするようにしていた。彼は語る。「最終的には、数年後、この会社が四半期業績に関するゲームをしているだけだということがはっきりした。投資家の間では広く認識されていたと思うが、彼らはそうすることで支持を得ていた。そこで私は、他の取締役たちが経営陣を恐れるよりも私を恐れさせることが、超大物の監査人の1人に動いてもらう唯一の方法だと気づいた」

それ以来、バフェットは、毎年、監査人が答えるべき4つの質問を設定し、それを書面で提出するように求めた。これがバフェットのテストである。

1 もし、監査人が当社の財務諸表の作成に単独で責任を負うとしたら、それがどんな方法であれ、経営陣が選択した方法とは異なる方法で財務諸表を作成したか？

2 もし監査人が投資家だったら、報告期間における当社の財務実績を理解するために必要な情報を、わかりやすい言葉で提供してもらえたか？

3 当社は、もし監査人自身がCEOであったとしても、同じ内部監査の手順を踏んだだろうか？　もしそうでなければ、何が異なるのか、それはなぜか？

4 監査人は、会計上またはオペレーション上、収益または費用をある報告期間から別の報告期間に移動させる目的と効果を持つ行為に気づいているか？

これらの質問は、課題をありのままに見えるようにするためだけのものである。法令上、作成が求められる財務報告資料の多くは、複雑にして課題をわかりにくくするように設計されているか、そうなる効果をもたらしている。バフェットは語る。「会社の弁護士は、あなたが考える可能性のあるすべてのリスク事項を自衛のために年次業績報告書に記載するように助言する。そして、そのうちのどれかは、やがて本当の潜在的なリスクとなる。他の20のリスクではなく、それにすべての神経を集中しなければならない。リスクは量で襲いかかってくる。そうなると、リスク委員会にはほぼ勝ち目はない」

長期的な価値を守るために、取締役は、自社の経営陣が倫理的に行動していることを確認するために必要な情報を提供するよう、経営陣に強く要求すべきである。

リスクをマネージするためのチェックリスト

- □ 自社の重要な機能それぞれに関連するリスクを理解する
- □ サプライチェーンを保護する。現在のサプライヤーから取引を止められた場合に備えて、プランBを用意しておく
- □ 長期的に生き残るために、流動性、負債、バランスシートをマネージし、いざという時のための余裕資金を持つ
- □ 極めて重要な人材を失うリスクを回避するために、主要な社員を引き留めるための予算を作成する
- □ 他社との合併を計画する際には、対象となる企業の人的資本監査(human capital audit)を要求し、主要な社員が残るかどうかを確認する
- □ CEOやCFOだけでなく、すべての重要な社員の緊急時のサクセッションプランを作成する
- □ 企業全体を揺るがしかねない全社的リスクを特定し、対応するためのモデルを構築する
- □ リスク回避とリスクマネジメントを区別する
- □ 自社の知的財産を従業員による窃盗から守るためのシステムを導入する
- □ 全社員が署名する行動規範を採用する

第2部

取締役会のベストプラクティス

新しいTSRと長期的な価値創造のためのマネジメント

新たなバリュープレイブック

能力を向上させる	取締役の交代を**定常化**し、必要なスキルを保つ 率直さと集中を促す取締役会のリーダーを**選任**する エグゼクティブセッションを**活用**して課題を顕在化させる	委員会の任務を**再定義**し、人材とリスクをより広くカバーする 人材・報酬・実行の各委員会を合わせた委員会を**新設する** 委員会で**突っ込んだ議論を行う**ことで、取締役会の時間を節約する	**委員会**を再設計する
情報を多様化する	ボードルームに多様な意見を**取り入れる** 「愚かな質問などない」というルールを**定める** 競合他社や破壊的な競争相手に関するデータを熱心に**研究する**	投資家の懸念や弱みを**予測する** すべての投資家と定期的かつ双方向の**コミュニケーションを設定する** 投資家の動きをより良く予測するためにIR活動を**強化する**	**投資家**と関わる

企業が人材・戦略・リスクに改めて焦点を当てると、経営者にとって従来の経営手法が通用しなくなる。それは、取締役会にとっても同じである。取締役会には、新しいＴＳＲの監督にふさわしい人材が必要である。取締役会の仕事をしっかりと遂行するには、正しい知識と適切な組織がなければならない。そして取締役会は、投資家やその他のステークホルダーとの関係を構築することに改めて全力を注がなければならない。そのためには新たなプレイブック（作戦計画書）が必要である。

第２部はそのプレイブックである。大いなる変化の時代の中で、自社を正しい進路に向けて保つために、取締役に必要な能力と特別なスキルを提供する。また、ガバナンス上の最も重要な問題に対して取締役がそれぞれの専門性を発揮し、掘り下げて考える時間を確保できるよう、委員会をどう設計するかについても提示する。また、取締役会が独立した情報源を持つために、どのように必要なリソースを確保するかについても論じる。また、投資家から学び、自社を守るために、投資家とどう付き合うべきかについても示す。このプレイブックを手にすることで、取締役会は、長期に向けて経営することに真の意味で専念できる。

第4章

優れた取締役会を作る

人材・戦略・リスクのマネジメントは、取締役会の人材のマネジメントから始まる。経営幹部と同様に、取締役会は、長期的な価値を創造するという目標を達成するために、適切な人的資本を必要とする。取締役会は、人材・戦略・リスクをマネジメントするためにふさわしい構成でなければならない。また、取締役会の計画について取締役の合意を取り付けられる、有能なリーダーが必要である。そして、自社の必要性の変化に応じて構成メンバーを代え、刷新するシステムを備えていなければならない。

取締役会は、時間の不足、専門性の不足、多様性の不足、市場や競合他社、新たなデジタル経済に関する知識の不足など、取締役会の仕事を妨げる要因を克服しなければならない。また、取締役会は、上場企業の同業他社だけでなく、非上場会社に対してもベンチマークを行う必要がある。

本章では、取締役会が自身を構成する人材をマネジメントするための、新たなガイドを提供する。新しいＴＳＲがその使命を果たすには、取締役会の構成を再定義することが必要になる。取締役会には、現在のビジネスを熟知したメンバーだけでなく、将来の戦略に適したメンバーもいなければならない。また、あらゆる業界の企業がデジタル時代に向けて変革を進めるなかで、その飛躍を実現できる取締役が求められている。

私たちは取締役会の能力を、取締役たち自身が持つ固有の能力を通じたものと、取締役会がその力を発揮するプロセスを通じたもの、という2つの観点から見る。しかし、取締役会の能力と構成に関する議論では、ほとんどすべての文献でその「リーダーシップ」に触れられていない。

取締役会の多くは、取締役が責務を果たしているかを確認できるしっかりとしたシステムがない。実際、取締役の多くは、取締役会の実効性評価を冗談のようにとらえ、真剣に受け止めていない。取締役が解任または交代させられたり、期待に応えていないと言われることはめったにない。多くの取締役は、一度取締役になると、最高裁判事のように、死ぬまでその地位にとどまる。多くのＣＥＯが、取締役の１〜２名が一晩でいなくなっても困らないと言う。これは変えなければならない。

良い取締役会は、自身の実効性を高めるための対策を講じている。自社の業務を完全に理解するため、必要な専門性を高める努力を重ねている。また、取締役が責任を持って仕事に取り組むための仕組みを採用している。その目的は、一定の期間の後に、取締役会が心理的な独立性を確立し、意思決定の対象となる顧客、競合他社、市場など外の世界を理解する思考の枠組みを構築することである。自身を変えようとする取締役会の意欲が、価値を生み出す取締役会になるか、価値を破壊する取締役会になるかを決める。私たちは、それらの方法をふまえて、価値を生み出す取締役会を作る支援をしたい（図４－１）。

将来のためのスキルを備えた取締役会

人材・戦略・リスクを長期的にうまくマネージするためには、取締役会は、エリートを集めた他のどんなチームとも同じように、慎重にメンバーを集めなければならない。実効性の高い取締役会に不可欠な特徴は、監査委員会の議長を務めることのできるメンバー、デジタル技術を理解できるメンバーなど、能力と行動力が適切に組み合わされていること、

図 4-1　**新たなバリュープレイブック：能力**

能力を向上させる

取締役の交代を**定常化**し、必要なスキルを保つ

率直さと集中を促す取締役会のリーダーを**選任**する

エグゼクティブセッションを**活用**して課題を顕在化させる

状況が変化したときに迅速に適応できる柔軟性を備えていること、そして経験、年齢、性別の多様性の目標を満たしていること、である。

取締役会は選任の厳格な基準を持つべきである。特にリーダーの役割を担う人を選ぶときには、それが必要である。それは簡単な作業から始めることができる。現在および将来、取締役に必要だと思われる能力と、そしてそれがなぜ必要なのかを書き出して見ることだ。新規事業への移行を果たすためなのか、その事業を積極的に成長させるためなのか、あるいは長

期的に持続可能なものにするためなのか。そして、それらの変化によって現在の取締役会の文化を変える必要があるかどうかを判断する。

そこから、賢明な企業は、取締役会が時間の経過とともに失ったノウハウ、特に経営陣と比較して失ったものを、再度築き上げる対策を講じている（取締役会と経営陣の間の情報の非対称性については第6章参照）。50～60年前の取締役会は独立性は高くなかったが、取締役には退任した経営陣が数多く含まれていた。そのため、議論の対象となるトピックについて多くのことを知っていた。

その後、取締役会は変化した。ステート・ストリートのロン・オハンリーは「私たちの取締役会は、業界の専門知識がないお飾りの取締役会になったのだ」と語る。取締役はそれぞれの分野の著名人かもしれないが、取締役として監督する企業のビジネスを知らない。現在、いったん振れた振り子は戻ってきており、企業は業界のノウハウと、現在および将来に必要な機能の専門知識の両方を備えた取締役を集めている。また、取締役会は、より多様で、同時に包摂的（inclusive）になってきているが、現在掲げられている目標はかなり野心的なものが多い。

したがって、取締役会の使命は、業界のインサイダーとアウトサイダーの適切なバランスを取ることである。取締役に業界の専門家を入れすぎると、取締役会が経営陣を圧倒してしまうおそれがある。また、同じ業界ばかりから取締役を集めると、その単一の経験に縛られ、集団思考や近視眼的な傾向に陥りやすい。自社を超えた世界とリアルで効果的なやり取りを行うには、より広い分野からの代表者が必要である。急速な変化によって経済全体にわたって産業が変わりつつある。その流れに乗るためには、取締役会に他のビジネスからの人材が必要である。

長期的な価値を目指す賢明な取締役会は、今後の自社の活動にとって不可欠な業界の専門知識を持つ取締役を加えている。コカ・コーラの取締役会には、ハーブ・アレンやバリー・ディラーなど、有力な政策立案者や元ＣＥＯが名を連ねている。２０１８年には、クラウドコンピューティング企業であるコンピュート・ソフトウェアのＣＥＯで、ヒューレット・パッカードの前ソフトウェア担当副社長のキャロリン・ツァイが取締役として加わった。彼女の21世紀のテクノロジー分野における経歴は、コカ・コーラがソーシャルメディアへの取り組みやミレニアル世代の消費者への対応を進めていくうえで助けとなるだろう。彼女のような取締役は、自分の専門分野について厄介な質問をすることに抵抗がなく、また自社のビジネスについて「馬鹿げた質問」をすることも厭わない。

デジタルに関する専門知識は、すべての企業の取締役会に必要である。事実、現在、アメリカ企業が取締役を探している分野の筆頭は、サイバーセキュリティだと思われる。

ティー・ロウ・プライスの元会長ブライアン・ロジャースは語る。「メリーランド州の米国家安全保障局（ＮＳＡ）で優れたキャリアを積んだ人は、すぐに3社の取締役になれるだろう。この役割を社内のＩＴ担当者だけに任せることはできない。しかも、なかなか適任者がいないポジションなのだ」

広く適任者を探す準備をしよう。必要なテクノロジーの専門知識は、自業界の中からでなく、遠く離れた業界からも得られる。破壊的変化、特にテクノロジーによる破壊的変化について通常とは異なる考え方をする人は、どんな業界からでも現れる。それはテクノロジーに関する課題が変化したからである。長い間テクノロジーは、ビジネスの成功と革新のためのものであり、次いで顧客のためのものであった。今はその逆だ。今日、テクノロジーは顧客が求めるものである。取締役会の仕事は、顧客の体験を自社のシステムに取り入れ、未来の製品を生み出すことである。

また取締役会には、金融工学や資金調達、長期的な生産性費用やマージン、キャッシュフロー、資本構造を改善する専門家を活用するなど、「稼ぐモデル」の詳細に精通した民間企業出身のメンバーが少なくとも1名は必要である。ＰＥの経営者は、このような手法を用いて企業を買収し、より革新的なビジネスモデルを開発して、長期的に大きな価値を生み出した経験を持つ。彼らは、製品の価格設定や売上を増やすためのさまざまな方法を見つけることに長けており、「カネの稼ぎ方」の基本を知っている。よって、そのようなスキルを取締役会にもたらす人、他の取締役に収益を生み出す新たな方法や企業業績に関するデータの作り方を教えてくれる人を取締役として迎えることを薦めたい。

正しいスキルを持つ取締役会を長期的に維持するには、継続的なプロセスが求められる。ディレクターズ・カウンシルのミシェル・フーパーは語る。「私にとって、スキルマトリックスは生きた文書である。私が指名・ガバナンス委員会の委員長を務めていた頃、少なくとも四半期に一度はこのマトリックスについて話し合っていた。それは年に一度持ち出して見るようなものではない。常に見ていくものである」。取締役会が何を必要とするかを特定するために、外部からの視点を求めるべきである。フーパーが取締役であるユナイテッドヘルス・グループの取締役会は、スキルマトリックスをアドバイザリー委員会と共有している。彼女は語る。「私たちは彼らの意見を求める。私たちの持つスキルや経験は長期的にも役に立つものか？　スキルマトリックスを微調整する必要はないだろうか？」

自社の取締役会の構成を検討する際には、そのサイズが重要であることを忘れてはならない。大人数の取締役会は生産性が落ちる。人数が多すぎると自由な議論ができなくなる。私たちは、社外から9人と社内から1人（場合によっては社外8人と社内2人）の計10人の取締役が最適であると考える。

取締役会に必要なスキルのすべてが、取締役として常にいる必要はない。専門家を招き入れ、新たなテクノロジーや競争上の脅威など、ビジネスのあらゆる側面を考えることで目的をうまく果たすことができる。しかし、取締役会としての意思決定に何が必要かを天秤にかけ、優先順位づけしなければならない。自社の取締役会にはどんなスキルがあるのか、そしてどんなスキルを外から持ち込むことができるのか？　もし必要な専門家が取締役会にいない場合は、彼らを一度取締役会に呼んでみる。必要性が一瞬にして大きく変わる世界に適応してビジネスをするうえで、このような柔軟な対応は長期的な価値を生み出すために役立つ。

適切なスキルと経験を持つ取締役を探すことを越えて、取締役会は、取締役の多様性を高めるためにさらに努力する必要がある。この目標を達成するためには、常識的なやり方を否定する準備が必要である。エスティ・ローダーは、直近の2人の取締役の選任にあたって、ソーシャルメディア、テクノロジー、ミレニアル世代との関係に関する専門知識を獲得するために30代の人材を選んだ。また、同社は有色人種の女性を起用することも検討していた。同社の指名・ガバナンス委員会の委員長であるレディ・リン・フォレスター・ド・ロスチャイルドは語る。「私たちが探している人の名前が彼らのリストにないことはわかっていたので、サーチファームは雇わなかった」。その代わり、モルガン・スタンレーのアジア地域を統括する取締役のウェイ・クリスチャンソンと、黒人のビジネスリーダーであるメロディ・ホブソンに推薦を依頼した。

ヘッジファンドのインクルーシブ・キャピタル・パートナーズの共同設立者でもあるレディ・リンは、エグゼクティブ・ディレクターのウィリアム・ローダーとともに、20人の候補者との面接を始めた。彼女は語る。「シリコンバレーとサンフランシスコで女性たちと面接した1週間は、私の人生の中で最もエキサイティングなものだった。1人しか募集していなかったのだが、最終的には2人の女性を選んだ。女性や、従来選んでいたタイプの人とは違う人たちを探すための努力は、取締役会に非常に大きなものをもたらすと確信している」

しかし多くの場合、ダイバーシティへの取り組みは、チェックボックスにチェックをつけるだけのものになっている。取締役候補が男性と女性のどちらかに絞られた場合、ウォーレン・バフェットは女性に投票する。それは、これまで女性は、女性であるだけの理由で選ばれなかったことが多かったからだ。しかし、このような状況を正そうとする努力の多くは表面的なものにとどまっている。

そこでバフェットは、採用により大きな目的意識を持って臨もうとしている。バフェットは語る。

「私のところにはヘッドハンターから『女性の取締役を探している』という電話が頻繁にかかってくる。しかし、これまでにはまだ、『オーナー志向でビジネスに精通した女性の取締役を探している』と私に言ってきた人はいない。彼らは、会社の評判を高める名前を探している。私は、女性が長年にわたり不公平な扱いを受けてきたと強く思っているので、絶対に女性に仕事を任せたいと思っている。しかし、10年レポートで私が説明した資質を持っていないと思った女性を推薦したことは一度もない」

言い換えれば、ダイバーシティを見せかけではなく本物にするべきである。

優れた取締役の本質

良い取締役になるための能力とは、履歴書に書かれる能力などではなく、人格的な特性である。それは、洞察、物の見方、性格などの資質を含む。確かに、業界に精通している取締役会は、より戦略的で、より長期に注目する傾向がある。しかし、戦略とは、判断と経験に依存する1つの思考法である。ビジネスを再構築するために入ってくる取締役は、多くの場合、業界の外から来ている。変革は彼らの持つスキルである。

取締役を選ぶ際の前提条件は、視野の広さとリーダーシップの有無である。そのうえで初めて、候補者が求められる経歴や専門知識を持っているかどうかを検討するべきである。これらの属性は、年齢とは関係ない。25歳でも、ずっと年上のリーダーたちよりも広い視野を持ち、より強力なリーダーもいる。

優れた取締役は、一方で協調的で建設的でありながら、他方では挑戦的であるという、ほとんど矛盾した能力の持ち主である。ウェリントン・マネジメントのＣＥＯであるブレンダン・スワーズは語る。「謙虚さと勇気が必要である。最高の取締役は聞く力を持っている。鈍感力を身につけている。恐れずにはっきりと意見を述べ、厳しい質問をすることを厭わない。十分に準備をし、積極的に関与する。オープンマインドである」。対照的に、最悪の取締役は聞く力が弱い。「彼らは乱暴者のようにふるまう。自分以外の人を排除するために、いつも自分の主張やアジェンダを押し付ける」

良い取締役と悪い取締役を見分けるには、彼らの質問の仕方をみればわかる。どんな取締役会でも、地域ごとに足を運んで現地のスタッフと一緒に過ごすなど、自社の中に入り込もうとする取締役と、ただ会議に出てくるだけの取締役は、すぐに見分けがつく。それゆえ、取締役には熱心に仕事に取り組む人を求めるべきである。時間とエネルギーを投資する取締役を得ることによって、経営陣の情報優位性をなくすことができる。そのためには、取締役に就任した人の動機が何かを知っておく必要がある。そうでないと彼らの貢献は、その立派な履歴書から期待したものに見合わない恐れがある。

信念を持った取締役を探すべきである。ボーイングには、短期的な圧力に負けずに長期的な課題を考え、株主だけでなくすべての関係者にとって正しいことを行おうと考える取締役がいることを望む。ＪＰモルガン・アセット＆ウェルス・マネジメントのメアリー・エルドスはボーイングの苦難についてこう語る。「良い取締役とは何かと問われれば、操られることを拒否し、操られているときはそれに気づく人である。なぜなら企業にとって、取締役を操るのは簡単だからだ」

そのため、経営陣が取締役会に自分の手先を送り込もうとすることに注意すべきである。バフェットは、２０１９年のバークシャー・ハサウェイの年次報告書の中の「株主への手紙」で、「取締役を探している企業のＣＥＯは、候補者が所属する企業の現ＣＥＯにこの人物が『良い』取締役であるかどうかを、ほぼ確実に確認している」と書いている。この「良い」は、現ＣＥＯの報酬や買収計画に異議を唱えて害を及ぼす人を回避するための暗号である。バフェットの言葉を借りれば、「ＣＥＯが取締役を探すとき、ピットブルは探さない。家に連れて帰るのはコッカースパニエルなのだ」

真に優れた取締役は、ＣＥＯと投資家の最良の特性を兼ね備えている。バフェットは、その両方の特性を取締役会に持ち込んでいる。バフェットは語る。「私は取締役会に、取締役会を持つ経営者である、という少し異なる視点から参加している。私は小さな企業と大きな企業の両方を経験し、取締役会が法的組織と社会的組織をどう組み合わせたものであるかを見てきた。取締役会がどのように機能するかは、そのＣＥＯが持つ目的と性格に相当程度依存する」

そのため、すべての取締役会に２人のＣＥＯ経験者がいるべきだと私たちは考えている。ＣＥＯだけがＣＥＯの仕事とは何かを知っている。これは自社の新たなリーダーを選任する際に不可欠な洞察である。ＣＥＯではない人がリードするＣＥＯサーチは、しばしば素人の仕事のように感じられる。また、事態が悪化したときにも、取締役会にＣＥＯがいることが望ましい。彼らは厳しい決断を下す可能性が最も高く、逃げ出す可能性が最も低いからである。

しかし、他の会社のＣＥＯで実績を挙げたからといって、その人が良い取締役になると考えてはいけない。元ＣＥＯの中には、自分が取締役会から受けたおせっかいを嫌って、自分が取締役になった他の会社のＣＥＯには同じようにしない人もいる。トライアン・パートナーズのエド・ガーデンは語る。「素晴らしい実績を収め、素晴らしい株主利益を生み出して尊敬されたＣＥＯが、取締役になった新しい企業では何の価値も生みださないのは驚くべきことだ。それは、その人が取締役になった企業のビジネスについて学び、ＣＥＯ

と取締役会の人間関係のダイナミズムに対して厳しい質問を投げかけ、議論を刺激し、ファシリテートしようとする意欲があるかどうかによるのだ」。そのため、彼は現役のＣＥＯを取締役に任命することには慎重である。「彼らはただ、自分の会社を経営するのに忙しすぎるのだ」

どんなときにも、自社を退任するＣＥＯを取締役にすることは避けるべきである。前任者の存在は後任のやり方を阻害し、取締役会が経営陣に対処する際、問題を複雑にする。経営陣と議論するときに重要なのは、現実を直視することである。ｇｈＳＭＡＲＴのエレナ・ボテリョは語る。「本当に正直な対話が行われている取締役会がいったいどれだけあるだろうか？　そんな取締役会では人々はこう言う。『わかった。この買収はうまくいかなかった。それではこの失敗から何かを得よう。どうやったらそれから学べるだろうか？』」不快な質問をするのは、多くの場合、元ＣＥＯではない、賢くて有能な人たちである。彼らは進んで調べ、そして、すべてがうまくいくとは考えない科学者や技術者である。しかし、元ＣＥＯの存在はそのような議論を阻害し、他の取締役も自分たちの同僚である元ＣＥＯが下した決定を批判したがらない。

正しいリーダーシップ

個々の取締役がどれほど有能であっても、取締役会がその職務を十分に遂行するためには、取締役を重要な課題の議論に集中させ、合意を得ることができるリーダーが必要である。問題は、多くの取締役会が、将来の取締役や委員会の委員長に必要なスキルや経験に対して注目して議論することに比べ、将来の取締役会のリーダーについてそうすることがはるかに少ないということである。コーン・フェリーの副会長、ジョセフ・グリーゼディックは語る。「これは取締役会の今後のプランニングを考えると問題である。有能な独立社外の取締役会議長や筆頭取締役が取締役会全体の文化を形成し、取締役会の実効性を高めるよう個々の取締役に行動を促すことを考えると、非常に問題だと言わざるを得ない」

強力な筆頭取締役（ＬＩＤ：Lead Independent Director）を持つことは、ＣＥＯが取締役会議長を兼任している場合には特に重要である。ＣＥＯと議長の2つの役割を組み合わせることは悪いことではない。それは会社が困難な局面にある時には有益である。報道陣への説明や議会証言を行うときには、責任者が1人であることはとても強力なインパクトを生む。

しかし、ＣＥＯと議長の役割を分けていても、もう1人の強力なリーダーが必要である。

優れた筆頭取締役は、ＣＥＯとバランスを取る役割を果たし、ＣＥＯに責任を課すことができる。筆頭取締役は真に独立した存在でなければならない。キャンバービュー・パートナーズの創業者でブラックロックの元マネジング・ディレクターであるエイブ・フリードマンは、「筆頭取締役に選ばれる人は、ＣＥＯの親友であることが多い」と語る。このような状況は、課題を提起しようとする他の取締役にとって状況を複雑にする。しかし、真に独立した筆頭取締役がいる体制は、そのような閉鎖性を許さない。

筆頭取締役を選ぶ際には、まず、その役割を効果的に果たすために必要なスキルや経験を考える。最良の候補者は、最も長く取締役を務めた人でも、最も業界に精通している人でもないかもしれない。それは、さまざまな異なる視点を理解することができ、かつ、それを取締役会で発揮できる人である。

正しい場の設定

しかし、どんなに強力なリーダーシップがあっても、取締役会が効果的に機能するためには、経営陣からのプレッシャーを受けずに取締役同士が情報を共有できる場が必要である。１９９０年代初頭、一部の企業の取締役が私的な会合を持つようになった。彼らの多くはさまざまなクラブに所属しており、そこで会っていた。そんななかで、ある会社のCEOが、別の会社の取締役会に出席して、その業績に疑問を投げかけるようなケースもでてきた。アメリカン・エキスプレスでは、世界中に築いた人間関係によって複数の団体から「アメリカ企業の国務長官」と呼ばれたジム・ロビンソン3世が、飛ぶ鳥を落とす勢いであった。しかし、彼が企業買収によって築き上げた総合金融サービス企業としての同社の再構築は危機に瀕していた。取締役たちは内輪の集まりでロビンソンを解任することに合意した。しかし、そのプロセスは完全に秘密裏に行われた。

秘密主義に代わるものとして、CEOの了解のもと、取締役のミーティングを制度化し、その中でCEOを評価し、懸念について表明するという手法がアイデアとして生まれた。その目的は、取締役が陰謀を企てる必要がないように、仕組みを透明化することであった。独立取締役であれば誰でも、どんな問題でも提起でき、取締役会としての合意が得られるかどうかを確認し、追加調査を行うなどのアクションを決定することができる。その後、取締役会全体の意見を聞いたうえで、非執行の議長や筆頭取締役のリードのもと、独立取締役たちは、CEOや経営陣に提言をフィードバックする。このような会議が、エグゼクティブセッションとなった。

現在、エグゼクティブセッションは経営陣の圧力を受けずに取締役が会合することを可能にする重要な施策であり、人材・戦略・リスクを効果的に監督するために不可欠なものである。ウォーレン・バフェットは語る。「取締役会に出席する際、私は他の取締役に比べて、ガーデンパーティに出てきたスカンクよりももう少し嫌われ者かもしれないが、質問をかなり抑えていた。普通の人は取締役会の後に会議を開催するのはいやがるので、筆頭取締役は非常によくやってくれた。それによって、取締役たちが秘密裏に会うのではなく、認められ、社会的にも受け入れられ、苦痛もないやり方で、CEOが部屋にいるときには議論できなかったことを議論する場がようやくできたのだ」

エグゼクティブセッションのやり方は、企業によって異なる。多くの企業では、CEOがセッションの最初の部分に出席することによって、独立取締役は知りたいと思う必要な情報を入手し、CEOが提起したい問題を聞くことができる。その後、CEOには退席してもらい、独立取締役だけでオープンセッションを行う。

エグゼクティブセッションの議長の手腕は、非常に重要である。議論するに値する課題をピンポイントで提起する。1回の会議でせいぜい1つから3つに絞りこみ、そこまで重要ではない懸念をリスト化することはしない。多くの企業では、筆頭取締役が四半期ごとに独立取締役と1対1で話し、次回以降のアジェンダを計画することによって議論の継続性を確保している。

エグゼクティブセッションは、しばしば毎回の取締役会の後に開催される。しかし、このやり方には問題がある。取締役はいつ帰れるかと時計を覗き込む。また、取締役はその日のうちに行われたプレゼンテーションの振り返りや批評に時間を費やしてしまうこともある。すると、長期的な価値に関わる課題ではなく、短期的な懸念やオペレーション上の些細なことに焦点を当てることになる。

より良い方法は、取締役会が始まる前、朝一番にエグゼクティブセッションを行うことだ。CEOはセッションに向けた雰囲気をセットし、その後の取締役会で議論されることに独立取締役を集中させることができる。CEOが退席した後、独立取締役はその他の課題を提起したいかどうかを決める。そうすることで、彼らが取締役会の前に議案を見直す機会が生まれる。その結果、エグゼクティブセッションは今後のことを考える時間となり、その後のCEOのプレゼンテーションに対応することができるようになる。

オープンでうまく運営されたエグゼクティブセッションは、人同士のインフォーマルなネットワークで行う仕事で生じる難しい感情をかわすことができる。このネットワークは、懸念される情報をCEOに伝えるために極めて効率的に働く。どんなCEOにも、セッションで何が話されたか、誰がそれを言ったかを報告してくれる友人が、取締役会に1人か2人はいるものである。事実、CEOはそんな協力者を持たないほど愚かではない。このような水面下のコミュニケーションラインの存在は、取締役会の議論を妨げる可能性もある。しかし、次第に、オープンなエグゼクティブセッションは、透明で、率直で、正直な雰囲気を作り出すことができるようになる。やがて、セッションでの率直な議論が伝えられるようになると、ＣＥＯはそれが建設的なものであると考えるようになる。

エグゼクティブセッションでは、正しいアジェンダにフォーカスすることが重要である。元ＣＥＯが経営陣に鋭い質問をすることを好む取締役もいるが、こうした質問は重要な問題に対するものでなければならず、単に元ＣＥＯが内情に通じていると示すためのものであってはならない。私たち筆者の１人が関与する某取締役会の著名なＣＥＯは、「資本コストは７％ではなく８％だと思う」と発言した。このような発言は取るに足らず、会議を台無しにしてしまう。取締役会での対話を前進させるには、適切な質問をし、大きな課題に焦点を当てることである。取締役会全体でのセッションでは、議論の連続性と結論の妥当性が確保できるよう努力する。第５章で議論するように、細部の検討や微修正、特定のテーマについて究めるには委員会が最適な場所である。

取締役会を評価する

取締役会は企業の統治機関であるため、その評価の責任は取締役会自身にある。この評価のプロセスを機能させる唯一の方法は、取締役会のパフォーマンスを評価するガイドラインを含む憲章（Charter）を採択することによって、これを制度化することである。

きちんと実施できれば、自己評価は、取締役が行動を変えたり、取締役会の取り組みに対して異なる貢献をする有効な手段となる。しかし、これがうまく実施できている例はほとんどない。あまりに多くの企業で、取締役への任命は、実際には、永久的なものとなっている。その結果、機能しない取締役がたくさん居座る取締役会もある。しかし、彼らを排除するためのメカニズムはない。それゆえ、取締役会は、取締役を刷新し、その活動をより効果的なものにする良い方法を追求しなければならない。

取締役会の自己評価の目的は、経営者や従業員に対して行われる業績評価のようなものではない。取締役会は、異なる目的を持った異なる機関である。コカ・コーラの取締役を17年間務めたウォーレン・バフェットのパフォーマンスを誰が評価するだろうか？　むしろ、このプロセスは、ある取締役がもっとやるべきこと、より抑えるべきこと、異なるやり方で実施すること、について考えられるようにするために、同僚の取締役からの建設的で具体的なフィードバックを受けるものとすべきである。フィードバックは、同僚の取締役だけでなく、経営陣からも受けることができる。取締役会は価値を生み出したのか、それはどこで生み出したのか、それができなかったのであればなぜか、今後何をすべきか、について学ぶことがそのねらいである。

取締役会の自己評価のツールや技法は年々進化しているが、まだ十分ではない。過去に一般的だった手法の1つは、20～30の質問からなるチェックリストである。これはCEOの評価手法とよく似ている（第1章参照）。例えば、「取締役はすべての会議に出席しているか？　準備をして取締役会に臨んでいるか？　時間通りに来ているか？」これらは形だけの質問で、多くのことがわかるわけではない。この結果に対して、取締役会が何か特別にしているわけではない。

筆頭取締役の場合、実態はさらにひどい。２０１０年代初頭、筆者の1人（ケアリー）は、筆頭取締役や非執行の議長を務める33人を集めて、取締役会が彼らのパフォーマンスの質を評価しているかどうか尋ねた。すると1人も手を挙げなかった。つまり、企業は筆頭取締役という概念は確立したが、この人物を評価する人はほとんどいないということになる。

良くても評価票の質問項目にチェックを入れるだけ、というのが多くの取締役会の実態である。機能していない取締役を解雇する企業はほとんどない。見て見ぬふりをしてその取締役に及第点を与える。取締役が毎年選任される決まりでなければ、さらに2〜3年任期を延長させる。このような優遇措置は、他の取締役が同じ待遇を求めた場合、会社を窮地に追い込むことになる。結果として、取締役会の刷新を将来にわたって妨げ続ける障害となり得る。

個々の取締役に対しても、取締役会全体に対しても、異なるプロセスが必要である。最も厳しい評価を行うには、チェックリストよりもインタビューの方がはるかに優れている。質問はより鋭いものにすることができる。また、取締役は準備する機会を与えられる。1回のインタビューには20〜30分あれば十分である。

取締役へのインタビュー、データの収集、報告書作成のプロセスを監督できるのは、筆頭取締役または非執行の議長、ゼネラルカウンセル、法律事務所、コンサルタントの4者のうちのいずれかである。CAテクノロジーのビル・マクラッケンは、取締役会が持つ平等主義的な性質は仲間の取締役を評価することを難しくするため、外部のグループに支援してもらうことを好む。彼は語る。「取締役会は同僚の集まりである。階層的ではない。取締役会の議長を見る時でさえ、リーダーを率いるリーダーという位置づけになる」

個々の取締役や取締役会全体へのフィードバックは、常にCEOと、筆頭取締役または議長の2人が行うべきである。2名がフィードバックセッションをリードすることで、誤解を防ぐことができる。筆頭取締役だけが実施しても、率直な意見を引き出すことができないおそれがある。対照的に、取締役会の外部者は、筆頭取締役にもっと具体的に説明するよう後押しすることができる。ＣＥＯは、各取締役と取締役会全体に対して鋭い洞察を与えることができる。フィードバックの際、紙を使うのは避けるべきだ。あとで紙が発見されるのは好ましくない。

ＣＥＯは、明確な目標を設定することによって、取締役のパフォーマンスを向上させることができる。ghSMARTのエレナ・ボテリョは、「最もパワフルで印象に残る人物は、自分にどのような貢献が期待されているかを知っているときに最高の結果を出すものだ」と語る。彼女のように有能なＣＥＯは、マイクロマネジメントを避け、それによって他の取締役が取締役会で声を上げることを支援する。ボテリョが取締役を務めるある会社のＣＥＯは、貴重な取締役を失いかけていた。彼女は、その取締役が明確な任務を持っていないことを知った。彼女はＣＥＯに問いかけた。「あなたの夢の世界では、この人にどこで貢献してもらおうとしているのですか？」

その取締役はＭ＆Ａの専門家で、たまたまその企業は買収戦略を強化しているところだった。ボテリョとＣＥＯは、この取り組みへの協力をその取締役に依頼した。それによって、この取締役は会社に残ることになった。ボテリョは語る。「その取締役は、『この会社はただ単に心地よい会話をしているだけだ』と感じていたが、『彼らは本当にインパクトを生み出すことができる』と感じるようになった」

筆頭取締役を評価する際には、取締役会全体の過去および将来のパフォーマンスに焦点を当てるべきである。前年度末に3人の取締役を評価担当グループとして選び、次年度の取締役会に課せられる3つまたは4つの主要な役割や責任について評価の担当を決め、また、長期的な価値を創造するための取締役会の計画についても同様に担当を決める。

取締役会は、特別の貢献も評価することができる。例えばペプシコの経営陣が、同社の低糖質戦略とは反対の複数の買収を提案したとき、取締役会はそれを否決した。また、第3章で見たとおり、キャタレントのCEOが変革をもたらす買収を高値を理由に躊躇していたとき、取締役会は高値でも買収を進め企業価値を高めるべきだと主張した。このような取締役会の企業価値への貢献は、定常的な活動と考えるべきでなく、特別なものである。取締役会は、毎日、あるいは毎年、このような貢献をするわけではない。2～3年かかることもある。しかし、このような貢献も、筆頭取締役の評価の一部とするべきである。

毎年度末に評価担当グループの取締役3人は、取締役会における任務遂行の程度に基づき筆頭取締役を評価する。もし評価グループが、筆頭取締役は機能していなかったと判断した場合、取締役会はその課題（例えば、会議中の不注意、特定の取締役の肩を持って他の取締役に対抗したなど）に応じてパフォーマンスを改善するためのコーチングを提供したり、筆頭取締役を解任したりする。

評価プロセスを有益なものにするためには、率直さが不可欠である。取締役会は、自分たちには偉大な取締役がいると信じているかもしれない。しかし、彼らは自社にとって正しい人材だろうか？　そうかもしれないし、そうではないかもしれない。ディレクターズ・カウンシルのミシェル・フーパーは語る。「誰がテーブルを囲んでいるのか、私たちは自分自身に対してもっと正直にならなければならない。ある人は『冷酷』という言葉を使うだろう。残念ながら、私たちには、21世紀に向けて私たちの経験豊富な取締役たちを一新し、再教育するための十分な時間がないのだ」

取締役会を刷新する

このため、取締役の任期は、取締役が習熟する期間を与えるだけでなく、外部環境に応じて取締役会の構成を変えられるように、定期的な交代を確実に実施するものとすべきである。ゼロックスの元ＣＥＯアン・マルケイヒーは、取締役の任期を7年とし、再任は2回までとすることを薦めている。任期を定めることによって、取締役が期待以上に長く居座るのを断念させることができる。取締役の中には、辞める準備ができていても、辞めれば自分のパフォーマンスに問題があるのではないかと思われることを心配して、評判を落とさないようにしている人もいる。任期制限があれば、そのような心配なく辞められる。

取締役会を刷新することは、経験の継続性を保つことよりも重要である。元バンガードのジャック・ブレナンは、「個人的な理由にすることなく、強制的に取締役を交代させる任期制限の仕組みを取締役会の制度の核とすべきだ」と支持する。彼は語る。「時間とともに企業が変化に直面し、人々のスキルが衰え、経験が役に立たなくなることが問題なのだ。取締役の交代によって、人々は『組織の記憶が失われる』と言う。しかし、刷新することによって得られるものに比べれば、その代償は小さいものだと思う」。彼は2～3年ごとに2～3人が交代する10人の取締役会を薦める。

しかし、私たちは定年制の導入には反対である。年齢に関係なく、取締役の半分はぜひ残しておきたい人たちかもしれないが、残りの半分は5年早く辞めてもらえればよかったと思う人たちかもしれない。一部の企業では、評価に基づいて下位10％の取締役を自動的に退任させている。この方法は恣意的で不公平である。判断をルールに置き換えてはいけない。

取締役会は、残る人と辞める人の両方が気兼ねしないように、刷新のプロセスを工夫することができる。どれほど表面を取り繕っても、同僚の取締役に恥をかかせたい人はいないし、解雇されたい人もいないだろう。このプロセスに習熟してこそ、取締役会をいつまでも新鮮な状態に保つことができる。

会社によっては、取締役のレビューを刷新のきっかけにすることがある。ベライゾンの元CEO、アイバン・サイデンバーグは、「7人の取締役を残すとしたら、現在の取締役の中から誰を選ぶか」と各取締役に尋ねた。すると、すべての取締役のリストがほとんど同じであることがわかった。その後のレビューで、彼は各取締役に調査の結果を伝え、それを彼ら取締役たち自身の選択として提示した。そのリストに入らなかった取締役には、2年後の退任を検討するように提案した。このプロセスによって、当事者間の気まずさを避けることができる。個人の推薦は民主的な投票であり、誰も敵に回さない。このやり方は非常に主観的ではあるが、クラウドソーシング的に責任を分散させる。

コンサルタントによるレビューの結果に変化の必要性を求めることで、取締役の刷新を容易にすることもできる。コンサルタントは取締役全員に対して他の取締役のパフォーマンスについて聞き、インタビューの最後に簡単な合格・不合格の評価を求める。2年連続で不合格になった取締役は退任する。決定を、事実に基づいた信頼できるものとするのである。取締役同士がお互いに友好的でありたいと思っているため、その他のパフォーマンスマネジメント・システムを実施することは難しい。同僚をクビにしたくないので、誰も悪いことを言わないということもあるだろう。しかしそうすると、悪いのは取締役会全体のせいだということになる。

新任取締役のパフォーマンスが十分でない場合には、すぐに行動できるようにしておくべきだ。取締役は、4回以内の取締役会で習熟すべきだというのが私たちのアドバイスである（ただし、監査委員会は例外である。監査委員会はリスクの監視に大きな役割を果たしており、委員長は初日から熟練していなければならない）。取締役のパフォーマンスが十分でない場合は、コーチングを提供する。さらに半年経っても改善の兆しが見られない場合は、その取締役に退任を求めるプロセスを開始する。企業の長期的な成長のために取締役のポジションは非常に重要であり、時間を無駄にするわけにはいかない。

他のメンバーに不安を与えずに取締役を交代させるには、心遣いが必要である。貢献していないから、あるいは自社のニーズが変わったからといって、取締役を辞めてもらうのはつらいが、これは取締役を辞めさせるときの最も難しい部分ではない。デルファイ・オートモーティブのラジ・グプタは語る。「重要なのは、あなたが退任を求める取締役ではない。彼または彼女はもういない。重要なのは、他の取締役がそれをどう受け止めるか、なのだ。彼らが不安を感じ、自分の行動に気をつけ、慎重になり始めないようにしないといけない。

それはあなたが望んでいることではないのだから」。グプタは、取締役に退任までの時間を与えることで、誰も強いられたと感じないようにすべきだ、と助言する。

期待を醸成することで、交代の下準備ができる。数年前、ＧＭのメアリー・バーラは、取締役の２人が優れた人材であるにもかかわらず、ＧＭが今後必要とするスキルや経験を持っていないと判断した。彼女は語る。「尊敬の念と透明性をもって、会社がどこに向かっているのかを彼らと話し合った。彼らがその役割に適していないからといっても、それが取締役であれ、自社の経営幹部であれ、彼らが悪い人たちだというわけではない。そうやって土台を整えれば、難しい話も少しは楽になる」。２０１５年、ＧＭは、技術的専門性に対する必要性の高まりに対応するため、ロッキード・マーティンの元エグゼクティブ・バイスプレジデントであるリンダ・グッデンを、彼女のエンジニアリング領域での優れた経歴を理由に取締役に任命した。彼女は現在、サイバーセキュリティ委員会の議長を務めている。

ベライゾン、バンガード、デルファイ、ＧＭがとった方法が即時の解任と比べて優れている点は、２年という期間を利用して計画を立てられることである。退任する取締役は、他社の取締役への就任機会を考えている、と友人たちに示唆することができる。また、取締役会の指名・ガバナンス委員会は、空席を埋めるための時間を確保し、変化する市場、技術、競争に関する情報に基づいて候補者を特定するために、すぐに行動することができる。そこでは、自己評価のプロセスと、ビジネスの長期的な方向性に関する経営陣からの情報の両方が、新しい取締役に求められるスキルを決定するうえで不可欠になる。

報酬――取締役への報酬の支払い方

取締役会の報酬ポリシーの主な目的は、取締役の利益と株主の利益を長期的に一致させることである。取締役の報酬がほとんど現金であった時代には、取締役は、株主を代表するという圧力にさらされることはほとんどなかった。現在、多くの大企業では、現金と優先株式を50対50の割合とし、さまざまな権利確定期間を設けて報酬を支給している。

柔軟性が大原則である。どんなケースにでも使えるような解決策はない。しかし、最良のモデルは、取締役に3〜5年間の投資を求め、報酬をすべて株式で受け取れるオプションを設けることである。私たちは、取締役に現金よりも株式を付与し、取締役が自分自身の資金を自社に投資するよう求めることを薦める。このやり方は取締役に対して、長期的な株主価値を高める個人的なインセンティブを与える。また、新しいTSRに注目して成長を生み出すという目的を強化することができる。

報酬に関してはさまざまなバリエーションがあるが、いずれも取締役の株式報酬と株主との間の利害の一致を強めることを目的としている。オプションの1つは、取締役に就任する際、毎年権利が確定する10年分の株式を前倒しで付与するというものである。年間15万ドルの報酬ではなく、最初に150万ドルを株式で付与することで、その投資を拡大させる強いインセンティブを持たせることになる。また、取締役を退任した後、数年間は売却できない株式報酬を与えることも検討すべきである。この2つの施策により、取締役は長期的な視点で物事を考えるようになる。これは、この新たな取締役会のプレイブックが新しいTSRの目的をどのように強化できるか、を示すモデルとなる。

過剰な現金報酬は、株主との利害の一致をほとんど促さないだけでなく、取締役の行動を歪め、誤ったタイプの取締役を惹きつける可能性がある。ウォーレン・バフェットは2019年の「株主への手紙」の中でこう語る。「今や取締役の報酬は、多くの非富裕層の取締役の行動に潜在的影響を与えるレベルに高騰している。年6回、数日間の楽しい取締役会で25万〜30万ドルの報酬を稼ぐ取締役のことを考えてほしい。そのような取締役に米国の世帯年収の中央値の3〜4倍を与えることになる」

取締役は、進んで株式に投資すべきである。自分自身の資金がリスクにさらされているときは、長期的な評価を高めようとする必要性がさらに強くなる。フォーチュン500社の多くはこうした投資を奨励しているが、要求はしていない。その代わりに、彼らは取締役に対して、一定年数（多くは5年）以内に年間報酬の何倍かの株式を保有することを求めている。取締役は前もって資金を準備する必要はなく、報酬のすべてを株式で受け取るよう選択することで目標を達成することができる。このモデルでは、非富裕層でも取締役になることができるため、年齢、経験、収入などの面での多様性を確保することができる。

インセンティブはリスクと同様に重要である。取締役が報酬を株式で受け取る、または、自己資金で株式を購入することは、リスクを背負う以上のことになる。現金報酬よりも大きな報酬を得るチャンスがあることが、長期的な思考を促す。

例えば、40万ドルの報酬を受け取る取締役が、その報酬をすべて株式で受け取ることを選択し、10年間保有することができるとする。株価が上がった場合、累積利益は非常に大きな数字となり、取締役はキャピタルゲインを得ることになる。報酬を現金で受け取る場合、毎年所得税がかかり、手取り全額を株式投資しても株式で受け取った場合に比べて長期的リターンははるかに低くなる。また、株式で受け取ったことをきっかけに、取締役が自社の競争力を強化するアイデアを考えるようになれば、長期的リターンはさらに大きくなる。

このようなマインドセットは、それ自体が相乗効果を生み出す。取締役会に新たな人材を採用するとき、取締役は、人材・戦略・リスクをマネージして価値を生み出す候補者、すなわち自身の投資の乗数を増やすアイデアを生み出す候補者を探し求めるだろう。良い経営が好循環を生み出すことだとすれば、このような報酬スキームもその一部であるべきだ。

優れた取締役会を作るためのチェックリスト

- □ 業界関係者をあまり多く取締役に任命しないようにして、近視眼的思考や集団思考を防ぐ
- □ 広い範囲で取締役会に必要なデジタルの専門性を持つ適任者を探し、隣接する業界の変化をとらえる
- □ 「稼ぐモデル」から価値を生み出す方法に精通したPE出身の取締役を少なくとも1名は採用する
- □ 取締役会のリーダー候補者には広い視野を求め、次にスキルを検討する
- □ 経営陣が取締役会に自分の手先を送り込もうとすることに注意する
- □ 最低でも2人のCEO経験者を取締役として探し求め、CEOの仕事のプレッシャーを知る取締役を確保する
- □ 議論を集中させ、行動を起こす強力な筆頭取締役を確保する
- □ 取締役の実効性評価は、アンケートではなく、ポイントを絞ったインタビューで行う
- □ 筆頭取締役は、取締役会全体のパフォーマンスによって評価する
- □ 取締役には、直接または彼らの職務の対価として受け取る報酬を自社に投資することを求める

第5章

取締役会の委員会を再設計する

委員会
を再設計する

取締役会には、その責任を果たすうえで唯一の制約がある。「時間」である。典型的な取締役会は、年間50時間しか会議をしないようだが、これでは新しいＴＳＲを監督するために必要な知識を深めることは到底できない。新たなプレイブックを実行する一部として、取締役会は、委員会の活動を強化することによって取締役が課題を深く理解し、それをマネージできるようにしなければならない。

　取締役会のこのような働きは、ＣＥＯの長期的な価値創造を支援するという点で、非公開企業に近いものである。実際、新しいＴＳＲを実行するために委員会を再設計することは、取締役会とＣＥＯの協力の仕方を変える。取締役会がＣＥＯとの協力関係を最も効果的に確立することができるのは、委員会を通じてなのだ。

委員会は、会話の質の高さと深さ、そして率直な会話を促進することができる。委員会のサイズと活動の焦点は、取締役がＣＥＯと解決策のアイデアを検討し、関係と信頼を築くのに役立つ。委員会は率直なギブ・アンド・テイクを可能にし、取締役と経営陣が誰の感情も傷つけることなく異なる視点を出すことができる。このようなダイナミクスがＣＥＯの成功を支援する。

委員会の構成は、社外のステークホルダーが取締役会の活動を理解するのにも役立つ。ステート・ストリートのロン・オハンリーは語る。「私たちがいつも最初に見るのは、取締役会が人材の獲得・育成プロセス、戦略プロセス、リスクプロセスを、どのように効果的に監督しているかである。取締役会はどのように経営陣に介入するのか？　特に戦略については、取締役会は通常、十分な時間を割くことができない。私たちはさまざまな理由で取締役会を忙しくさせているため、戦略はいつも会議の最後や年に一度の取締役会の戦略オフサイトミーティングに追いやられている」。役割を分担することによってこの問題を解決することができる。

私たちは、２つの新たな委員会を編成して、取締役会を改革することを提案する。１つは経営陣の採用と報酬を監督し、その業績を監視する「人材・報酬・実行委員会」、もう1つは経営陣と取締役会との間の情報の非対称性をなくすことを一義的な責任として担う「戦略・リスク委員会」である。それぞれの委員会は4～5名のメンバーで構成され、そのうち3名は独立取締役とすべきである。また、2つの委員会は、取締役1名が兼務する体制にすべきである。

新しいTSRをマネージするために、取締役には知識が必要である。また、考え、振り返るための時間も必要だ。その時間を与えるために、取締役会は委員会をうまく活用し、各委員会がそれぞれの特別な任務に関する問題を掘り下げて考えられるようにしなければならない（図5-1）。

委員会を編成する

委員会が効果的に機能するには、その仕事が明確に定義されていなければならない。一部の委員会では、その責任とコミュニケーションラインがすでに明確に定義されている。監査委員会の役割は、主に法律と規制によって定義される。また、監査委員会は内部および外部の監査人と連携しなければならないため、両者と協働する方法はかなり確立されて

図 5-1　**新たなバリュープレイブック：委員会**

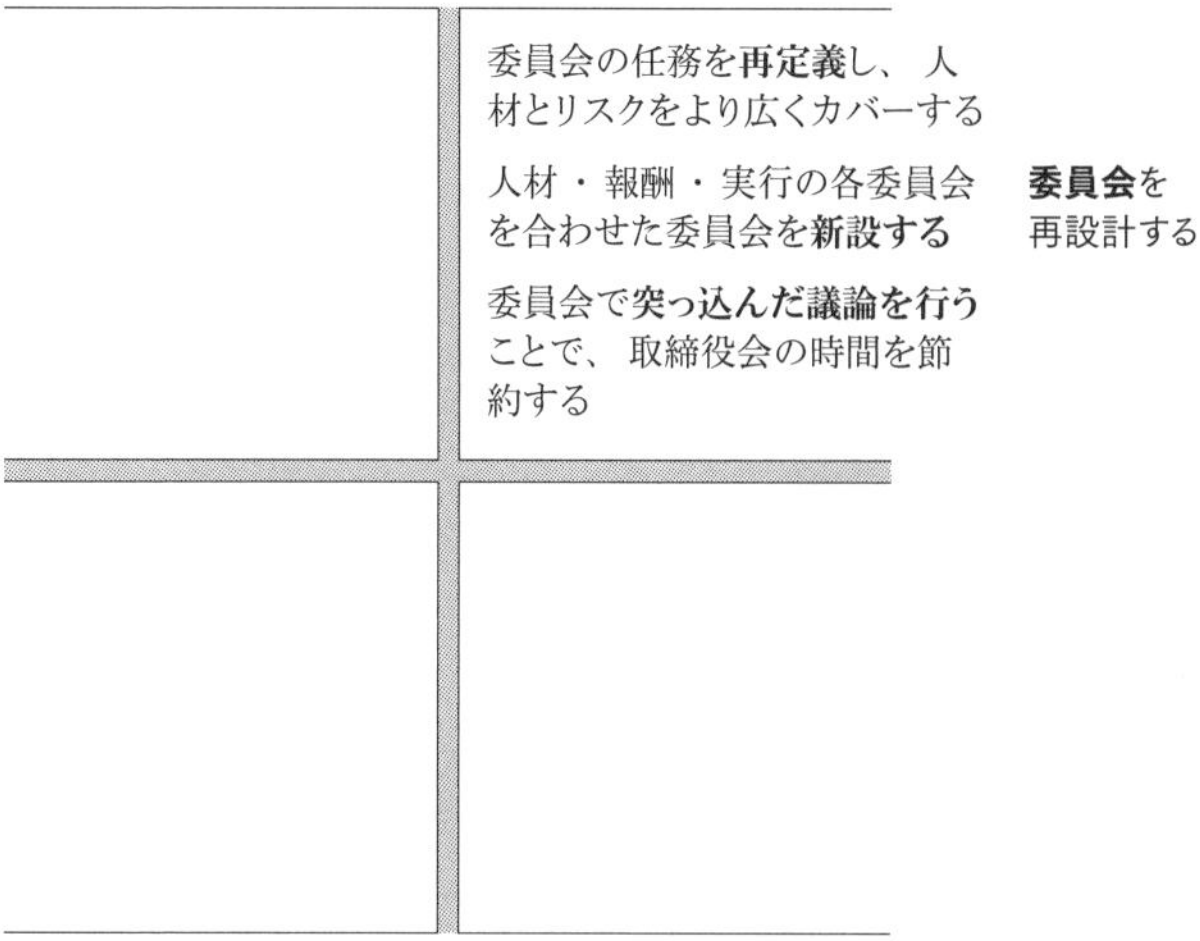
委員会の任務を**再定義**し、人材とリスクをより広くカバーする
人材・報酬・実行の各委員会を合わせた委員会を**新設する**
委員会で**突っ込んだ議論を行う**ことで、取締役会の時間を節約する
委員会を再設計する

いる。

　その他の委員会については、取締役会は、その役割の範囲と深さをもっと明確にしなければならない。最も重要なことは、経営陣と効果的に協力するために、委員会は経営陣から独立しているように留意しなければならない、ということである。これらの目標を達成するためには、各委員会の委員長が強力なリーダーシップを発揮する必要がある。今日、委員長が経営陣に頼らないで分析を行ったり、専門知識を得たり、さらには判断するために自分自身で情報源を開拓しようとすることはめった

にない。これは変えなければならない。

取締役にその役割を果たすための必要な時間と手段を与えることに加え、委員会の体制によって、筆頭取締役により効果的に力を発揮させ、その知識を増やすことができる。2019年、筆者の1人（ケアリー）は、フィリップス66を含むフォーチュン500社のうち、筆頭取締役が職権ですべての委員会の委員となり、随時委員会に出席している企業を7社特定した。こうすることで、筆頭取締役や非業務執行の議長は、委員会が取締役会全体に討議内容を報告する前にその内容を把握することができる。さらに、私たちは、筆頭取締役またはローテーションで選ばれた他の委員長のいずれかが、すべての委員会のミーティングに出席することを薦める。それによって委員長の選任と評価を容易にできる。

筆頭取締役は、委員会の委員長を任命する責任を担い、毎年、委員長の業績を評価する必要がある。筆頭取締役は、委員長のサクセッションプランを作成し、自社全体の視点を得られるよう、取締役にさまざまな委員会を担当させるべきである。委員長の責任の大きさとそれに要する時間から、委員長には他の取締役よりも年7万5000ドル程度高い報酬を支払うことが望ましい。

各委員会は、その任務の一環として経営陣を評価し、その結論をエグゼクティブセッションの中で取締役会全体と共有する。その結論は、経営陣が改善できる点や取締役会がコーチングを提供できる点に焦点を当てる。一方、CEOと経営陣は各委員会を評価し、どの委員会が価値を出し、どの委員会が価値を出していないかを取締役会が判断する支援をすべきである。

委員会は、自身が取り組む仕事と目標について、12カ月間の明確な計画を立て、1年を通じて取締役会でその進捗状況を共有しなければならない。このような委員会と取締役会のコミュニケーションは、例えばCEOの選定やM&Aの決定、資本構成についての計画、成長のためのリソース配分、短期目標と長期目標のトレードオフなど、新しいTSRのマネジメントの核心である重要な選択を行う際、取締役会が十分な情報を得ていることを確実にするうえで欠かせない。

人材・報酬・実行委員会

この委員会は、現在、企業の多くが別々に取り組んでいるが、まとめて取り組むべき重要な機能を監督する。

人材

人材委員会の最も重要な役割は、自社が長期的に必要とする能力の組み合わせの変化と、状況の変化に応じて人材を強化する方向性を理解することである。この役割が重要な例としては、機械工学に特化している企業がソフトウェア・エンジニアリングに重点を移さなければならなくなった場合などが挙げられる。

人材委員会は、ＣＥＯサクセッションにも備える必要がある。第二世代、第三世代のＣＥＯ候補者とその育成の方向性を特定し、できる限り多くのことを学ばなければならない。さらに将来的には、委員会は、さまざまな年齢層のＣＥＯ候補者とその他の重要な経営幹部のポスト、なかでも最も重要なＣＦＯとＣＨＲＯの候補者を特定する必要がある。これらの役割の候補者は、将来の自社の必要性に合わせた人材でなければならない。

自社の経営陣の質と強みについて理解していることを確認するだけでなく、この委員会は、社外にいるどんな人材が採用可能かを常に把握しておく必要がある。例えば、自社のＣＦＯが退職した場合に備えて、業界のトップ3のＣＦＯを把握しておき、プロサッカー選手のように常に追跡しておく必要がある。まさに、スポーツチームが選手を獲得する原則を、経営陣にも適用すべきである。

報酬

報酬とその決定基準は、ほとんどすべての人間の行動、意識、そして集中力を左右する。企業においては、報酬は、経営トップの15～20人が短期的な目標と長期的な目標をどうバランスさせるかを判断し、行動を決定するレバーである。

報酬委員会を設置することは、法的にも求められている。報酬委員会の中心的な役割の1つは、報酬ポリシーの指針となる原則を定めることである。そのために、取締役は、会社のビジネスと競争市場を深く理解しなければならない。また、報酬ポリシーを過去の業績ではなく、現在および将来の業績に関連する新たな取り組みに基づくものとする必要がある。

公開企業は、主要な従業員の報酬について、ＰＥの手法との差を埋める努力をもっとすべきである。公開企業のすべての報酬委員会は、外部のコンサルタントを利用している。ＰＥも同様だが、彼らは非常に優れた業績により効果的に報いる手法を持っている。ＰＥファームは、あるレベルの業績を達成した役員には並外れた株式やオプションを付与することもある一方、業績が不振な人には報酬の支給を留保したり解雇したりする。

報酬委員会は、取締役会が自社の報酬に対して継続してコントロールを利かせられるよう支援する。委員会が社内の特定の人材について理解していれば、ＣＥＯは委員会の評価から逸脱することが難しくなる。自社内および競合他社の人材に関する知識とデータベースを構築することで、委員会は株主を代表するに足る専門知識を培うことができる。

実行（Execution）

実行委員会の主な役割は、長期的に業績をモニターし、自社の各事業の失敗や成功の原因を理解することである。この委員会は、競合他社や市場に関する外部データを入手し、当社の業績を同業他社と比較する権限を持つ。そして、業績評価指標も決定する。

実行委員会は透明性を確保し、ＣＥＯの知識も得て、この分析を行うべきだ。この作業は共同で行われるべきである。その目的は、ＣＥＯを助け、経営陣による容認できない行動を発見することにある。例えば、四半期業績予想の数字を達成するために前倒しで成果を計上する部門や、当期の支出を引き下げるためだけに広告を削減する部門などがその例である。言い換えれば、実行委員会は、ＣＥＯが企業文化監査（culture audit）を行うのを支援する。

また、委員会はＣＥＯの後ろ盾となり、自社が四半期の業績目標数値を達成できなかった場合には株主からの圧力を吸収し、短期的な目標と長期的な目標の適切なバランスを保つ必要がある。委員会こそが、その役割を果たすことができる。取締役会全体ではそれはできない。取締役会には時間がない。時折、委員会とＣＥＯとの間の非公式な協働が見えないことで、委員でない取締役が介入しようとするかもしれないが、これには注意すべきである。

経営者の行動に影響を与える力を持っており、必然的に自社の計画の実行を監視することになる報酬委員会は、取締役会の中で最も重要な委員会である、とトライアン・パートナーズのエド・ガーデンは主張している。彼は語る。「私たちは、会社の業績が悪いのに経営陣が多額の報酬を得ている多くのケースを見てきた」

例えば、トライアンは最近、自分が大株主になった大手企業の数字を詳しく調べた。ガーデンは語る。「経営陣は目標を続けて達成できず、同業他社と比較しても業績が低い状態が続いていた。にもかかわらず、彼らのターゲットレベル以上の報酬を得ていた。なぜなのだ、と頭を抱えてしまう。報酬委員会はなぜそのような結論に至ったのか？」

そのため、ガーデンは自分が取締役を務める企業のすべての報酬委員会に委員として出席している。彼は語る。「私は他の取締役、経営陣、他の株主にいつも、『経営陣がビジネスを発展させ、それを正しい方法でやってくれれば、喜んで多額の報酬を支払う』と言っている。しかし、ただ出勤しているというだけの理由で報酬を払いはしない」

そのような状況のもと、報酬委員会の仕事は経営陣の責任を問うことだ。取締役会で経営陣が業績や予算の対前年比をスライドショーで示しても、それを競合他社との比較で見せることはめったにない。また、取締役たちには、それを掘り下げ、適切な質問をする十分な時間がない。実際、質問を1つでもする取締役はごくわずかで、しかもその質問は散発的なものにとどまる。誰も経営陣を困らせたくないのだ。

このマインドセットは変えなければならない。委員会は自社のオペレーションについて深い知識を身につけ、取締役会全体が、自社の社内データと広く市場のデータ両方を利用して経営陣のプレゼンテーションを理解できるよう、より良い準備をしなければならない。そうすることで、委員会は経営チームの改善を助けることになる。

例えば、新製品の発売が予算以上にうまくいったとする。そのとき委員会は、CEOにこの新製品の発売を統括した人たちにどれだけの報酬を払っているか尋ねるべきである。そうすれば、委員会は重要な人材について、より具体的な知識を得ることができる。また、製品の設計が失敗したとする。それはなぜ失敗したのか？　この質問に担当責任者が答えることができれば、委員会は「この人はなぜ失敗したのかを理解し、説明できる人だ」と理解することができる。「実行」と重要な人材の報酬を結びつける仕事は、このようにして行われるのである。

報酬委員会は、四半期ごとに会議を開催すべきである。委員である取締役が年に4回業績評価を行えば、彼らは自社のビジネスについて深く学ぶことができる。そして、その知識は自社に競争上の優位性をもたらす。取締役会は委員会を評価し、委員会がどう役に立っているかを示すため、経営陣に対して毎年調査を行うべきである。

筆頭取締役は、報酬委員会の委員長を務めるべきである。最適な候補者は一般的にはCEO経験者で、自社の変革を経験したことのある人である。

戦略・リスク委員会

戦略・リスク委員会の中心的な役割は、戦略的な複数のオプションと代替案となるビジネスモデルを評価することである。これには、目標と目的の選択、顧客の目から見た企業の競争優位とその持続期間、状況が変化した場合の柔軟な対応の可能性、企業が将来的に必要とする能力と捨て去ることのできる能力などが含まれる。

戦略・リスク委員会が役割を果たすためにはデータや外部の動向、将来のシナリオ、競合他社についての情報が必要であり、そのために経営陣から独立した情報源を探さなければならない。それはCEOの了解と協力を得て行う必要がある。バリューアクト・キャピタルとインクルーシブ・キャピタル・パートナーズのジェフリー・アッベンは語る。「戦略は取締役会全体で担うべき領域だが、取締役会全体で検討作業を行うことはできない。委員会は、外部市場、競合他社、主要な業績評価指標、短期目標と長期目標のバランスなどを理解するために必要な詳細な作業を行い、取締役会で議論する準備を整えなければならない」。戦略・リスク委員会の委員長は、報酬委員会の委員になることができ、またその逆も可能であるため、両委員会の間のコミュニケーションは率直に、直接的に、そして変なフィルターを通すことなく行われる。

戦略・リスク委員会は、自社の未来を築くプロジェクトやイノベーション、そしてそのために必要なリソース、すなわち、それらの取り組みに必要な資金の配分や人の配置について学ぶ。また、戦略・リスク委員会は、リスクとそれが発生する原因、例えば負債の流動化や買収の失敗などを評価するとともに、リスクを取ることを通じて獲得できる可能性のあるメリット、例えば買収や新規のプロジェクトによって自社の市場価値を高められる可能性を評価する。

そのような課題が出てきた場合、委員長は、戦略・リスク委員会でのレビューに必要な情報を提供するよう経営陣に求める。その後、それを分析するために外部の専門家の支援を得る。四半期ごとに戦略を見直すことで、信頼できる委員長を含む4〜5人の委員会は、資源配分、将来の成長、リスクについて未来志向で考えることができる。

戦略・リスク委員会の構成については、少なくとも1〜2人のメンバーが業界外の経験を持つことが望ましい。自社に技術委員会がある場合は、1名を戦略・リスク委員会の委員として兼務させるべきである。業界内部の人間は、自社の経験に基づく視点を持つ。外部の人間は、業界のバイアスがかからない意見を出す。ここでは、リスクの多様性、経験の多様性、スキルの多様性など、多様性が大きな違いを生む。戦略委員会は、経営陣に多様な視点があり、物事を変えられる新しい人材がいるかどうかも問うべきである。

例えば、2014年にプロビデンス・ヘルス・オブ・シアトルは、アマゾンの有力な社員であったアーロン・マーティン（キンドル部門のシニア・マネージャー）を採用した。プロビデンスで彼は、戦略・イノベーション担当の上級副社長として、アルゴリズムやその関連技術に関する業務を統括することになった。また、プロビデンスは、彼を経営会議に参加させ、経営チームのマインドセットに疑問を投げかけ、提案するように促した。彼は、自分の質問が医療関係者から馬鹿げたものと思われることを恐れずに、質問を投げかけた。

これらの質問が経営チームの考え方を変え、プロビデンスがデジタルプレーヤーとしての展望を持つきっかけとなった。プロビデンスは、その後の変革でデータ企業に向けて大きく前進した。現在は、大規模なデータベースの買収を通じてマイクロソフトやアマゾンと連携し、医療機関や医師からデータを得るための業務提携を行っている。マーティンは現在、最高デジタル責任者（Chief Digital Officer）となり、取締役会の戦略委員会の委員も務めている。ここからの教訓は以下の通りだ。古い経営陣が可能性を十分に理解していないときには、馬鹿げた質問を投げかける破壊者（disruptor）を連れて来なければならない。

戦略委員会の取締役会に対するプレゼンテーションは、一定の期間を経て進化することになる。それは、たくさんの数字を並べた5カ年計画ではなく、明確な目標を示すものになる。また、市場データ、顧客情報、技術動向、新規参入者などの外部要因に基づいて、戦略的なオプション、リスク、実行計画、競争優位性などを評価したものになる。焦点を絞ったプレゼンテーションによって、委員会に参加していない他の取締役が、自社が未来を築くために進めているプロジェクトについて適切な質問ができるようになる。

戦略・リスク委員会に人材・報酬・実行委員会と兼務する委員を入れることによって自社の価値を高め、短期的目標と長期的目標のバランスを取ることができる。

監査委員会、指名・ガバナンス委員会

この伝統的な2つの委員会の設置は法令で定められているが、取締役会と経営陣の間の

微妙な位置にあるため、急激な変化や財務的な脅威があるときには特に重要なものになる。

監査委員会は、財務リスクの監視に大きな役割を果たしている。監査委員会は職権に基づく決定権限を持ち、その活動は公に評価されるため、説明責任をしっかり果たすことが期待されている。また、監査委員会には社外監査人がおり、独立した外部の情報源にアクセスすることができる。これが、取締役会の経営陣に対する情報不足を是正するのに役立つ。

監査委員会は、その職責を果たすのが最も厳しい委員会の1つでもある。JPモルガン・アセット&ウエルス・マネジメントのメアリー・エルドスは、それを鮮やかに説明する。「監査委員会の委員長は、毎月大量の書類を送り付けられるという点で、すでに最も大変な仕事の1つである。また、監査委員会は、他の取締役会の委員会よりも頻繁に開催される。そして、すべての部門とその監査に目を通さなければならない。そのため、特に委員長にとっては、非常に重いフルタイムの仕事となる」

監査委員会の委員はまた、会社の業務を熟知するために相当の時間を移動に費やす必要がある。JPモルガンでは、監査委員長が毎月のように各地を飛び回っていた、とエルドスは語る。「委員長は日本にも行く。日本法人の人たちとタウンホールミーティング（対話集会）をする。日本の規制当局とミーティングをする。その人の人生ステージによっては、すべての取締役がそのような出張の時間があるわけではない。しかし、もしそういう出張ができれば、それは自社に対するまったく別レベルの支援になる」。監査委員長を任命する際には、このような時間の投資ができる人を探すべきである。

ある面から見れば、指名・ガバナンス委員会は取締役会の中枢の委員会である。取締役の採用と解任、取締役会とその委員会の編成は、すべてこの委員会の責任範囲にある。4名の独立取締役が委員となるのが理想だ。また、各委員が他の委員会の委員長を務めることで、指名・ガバナンス委員会が取締役会のすべての業務の関連情報を把握できることが望ましい。

指名・ガバナンス委員会の委員長は、取締役会のリーダー体制を決める権限があるため、極めて重要である。取締役会が経営陣のサクセッションを準備するのと同様に、この委員会も指名・ガバナンス委員会のリーダーや他の委員会、取締役会全体のリーダーのサクセッションを準備しければならない。この委員会は、新たな取締役が実際に必要となる前に、自らのネットワーク、他の取締役やＣＥＯのネットワーク、ヘッドハンターなどを活用して候補者を探さなければならない。また、取締役として適切な人材を惹きつけるためには、少なくとも3年前から計画する必要がある。

もし指名・ガバナンス委員会が採用目標を達成できなければ、ＣＥＯに忠実な取締役の非公式なネットワークが委員会の代役を務めるだろう。だがもし経営陣が取締役を選べば、取締役会は独立性を失う。重要なのは、委員会が正しい判断を下し、正しいプロセスを確立し、状況の変化に応じてそれを修正する胆力を持っているかどうかだ。

今日、その重要性は高まっている。自社の流動性の管理について監督する監査委員会とともに、指名・ガバナンス委員会は経営陣との最も微妙なやりとりの中心にあり、ポストパンデミック時代には極めて重要な委員会となる。

ほとんどの場合、ＣＥＯと取締役会の間には明確な境界線が存在し、責任を分けている。取締役会にとってその境界線とは、取締役が経営の領域に踏み込んで自社を経営しようとしてはならない、ということだ。

しかし、いくつかの機能はその線をまたぐことになる。例えば、経営陣は効率性、すなわち長期的な価値を創造するために資源を最適に使用することに焦点を当てる選択をするかもしれない。一方、取締役会はレジリエンスに正しく焦点を当てる。レジリエンスとは、圧力がかかった時に自社の生存可能性を高めることであり、そのために取締役会は、戦略の優先順位や資本配分を変えることを指示する。このように指示することで、取締役会は明確な境界線をまたぐのである。

しかし取締役会は、このリスクの時代に戦略の優先順位づけと資本配分の責任を負っているために、この境界線をまたがなければならない。自社のトップ10の大株主は、これらの問題について取締役会に、例えば以下のような質問をしてくる。戦略にどのような優先順位を設定しているのか？　自社のレジリエンスを高めるために何をしているのか？　資本配分のプロセスはどうなっているのか？　もしＣＥＯと意見が合わない場合、どのように対処しているか？

戦略の優先順位と資本配分を変更すれば、主要な業績評価指標と経営陣のインセンティブの変更も必要になる。すなわち、レジリエンスのための主要な業績評価指標は、効率性のための評価指標とはまったく異なるものになる。目標が異なれば、評価指標も異なる。目標が効率性であれば、１株当たり利益に資する成果を最大化することを目指すだろう。レジリエンスを重視するように目標を変更するならば、今度は流動性に資する成果を最大化しなければならない（業績指標のバランスを変える時は、戦略委員会や報酬委員会との調整も必要になる）。

市場のボラティリティ（変動性）が高いときや、予期せぬマイナスの結果がもたらされるようなサプライズがあるときには、事業の継続性のためにレジリエンスが優先される。このような状況のもとでは、過剰な負債やリスクを負うことを避け、危機と隣り合わせで利益を最大化しようと試みるべきではない。

言い換えれば、レジリエンスを高める必要があるのは、大きなボラティリティを予告なしにもたらす不確実性が継続的に発生するためである。それは現状を変えようとするテロ行為、金融メルトダウン、パンデミックなど、さまざまな形でやってくる。流動性に関する決定を監督し、市場のボラティリティが大きいときに取締役会と経営陣の間の境界線を裁定するために、監査委員会と指名・ガバナンス委員会は、取締役会の知識と専門性を常に更新し、その時々の要求に適したメンバーを揃え、財務リスクと報酬の適切なバランスを確保しなければならない。

サイバーセキュリティ委員会、特別委員会、臨時委員会

取締役会には、自社の必要性の変化に応じて、委員会を設置し解散できる柔軟性が求められる。例えば、ウェンディーズが技術委員会を設置したのは、同社が普通のファストフードの会社から、そのオペレーションに不可欠なデジタルオーダー・プラットフォームを持つ企業へと変貌を遂げようとしていたからである。同社はこの変革のために支援を必要としていた。技術委員会を立ち上げ、委員を任命するにあたり、自社の技術的ニーズを理解

できる取締役がいるかどうかを判断しなければならなかった。それに代わる手段としては、アドバイザリーグループを自社で作るか、または外部に相談しなければならなかっただろう。

トライアンのエド・ガーデンは、同社の挑戦について次のように語る。「私たちはウェンディーズの株式を20％以上保有しており、ウェンディーズの経営陣に『みなさんはチーズバーガーを売って生活しているかもしれないが、間違いなくテクノロジー企業なのだ』と話した。モバイルペイ、モバイルオーダー、そしてiPhoneは私たちのビジネスのすべてを変えた。だから、私たちのビジネスにもテクノロジーを導入してみてはどうだろう？ところで、そういうことができる人材の多くは若く、サーチファームがこれまで求めていたような履歴書を持っていない人たちだ」

技術委員会は、関連技術の進化や企業の将来的な必要性によっては、一時的なものから恒久的なものになる可能性がある。また、同委員会の構成や業務内容は、年々変化していく可能性がある。

かつては多くの企業が取締役会にマネジメントコミッティやエグゼクティブコミッティを設置していたが、取締役たちは取締役会が二層構造になることを嫌って、ほとんどの企業がそれを廃止した。しかし、状況によってはそのようなアプローチが必要になることもあるので、この考えを捨て去ってしまってはならない。これに代わって最近よく使われるようになったオプションは、取締役会の一時的なタスクフォースである。バンガードは最近、新規参入する国での戦略を立てるため、また、取締役の2人が深い知識を持っている市場で商品を開発するために、タスクフォースを活用した。

さらに、リスクプロファイルの急激な変化、特にテクノロジーの変化に対応するために、企業は特別委員会を活用している。ＣＥＯたちが夜も眠れないのは、顧客の個人情報がハッキングされる脆弱性もさることながら、製品に多くの電子機器が搭載され、それらがオンライン化されていくなかで、製品自体に壊滅的な侵害が行われるリスクだ。フォーチュン50社の中の著名なＣＥＯは語る。「最初は当社でもリスク委員会で対応していたが、その後、サイバーセキュリティ専門の委員会を設置することにした」

このように多くの企業にとって、委員会の陣容は、ある委員会をなくしたり、別の委員会を新たに設置したりと、流動的である。経営環境の変化に応じて戦略も変化しなければならないため、経営陣に新たな人材が必要になるのと同様に、取締役会にも新たな人材が常に必要となる。そうしなければ、その企業は大きなリスクを冒すことになる。新しいリスクや戦略が生まれれば、新しい委員会も生まれる。

取締役会の委員会を再設計するためのチェックリスト

□ 経営陣との情報の非対称性を克服するために、委員会に重要な責任を担わせる

□ 筆頭取締役に職権ですべての委員会に出席させ、委員長を任命させる

□ 委員会を利用して、CEOや経営陣と非公式な場で協力し合う

□ 各委員会が取締役会全体と共有する12カ月間の明確なアジェンダを持っていることを確認する

□ 筆頭取締役または委員長の1人に、すべての委員会のミーティングに出席させる

□ 報酬委員会を改造して、「人材」と「実行」をその責任に含める

□ 戦略・リスク委員会に、経営陣との情報の非対称性を克服する一義的な責務を与える

□ 監査委員会の候補者がその仕事に投資する時間があることを確認する

第6章

情報を多様化する

情報は、取締役会の生命線である。取締役会と経営陣との間の情報の非対称性を減らすことは、人材・戦略・リスクを監督するという取締役会の使命にとって不可欠である。人材を監督するために取締役会は、自社の現在の目標を掲げる人材と将来の目標を創り出す人材を深く理解しなければならない。それは、現在の経営チームメンバーのスキル、次世代のリーダーの源となる人材層の豊富さ、そして自社の外の人材市場を知ることを意味する。

戦略を監督するために取締役は、自社を長期的な成長へと導くために必要な、業界動向

情報を
多様化する

についての十分な知識を持たなければならない。育成すべき事業と撤退すべき事業、いつM&Aを進め、いつ見送るべきかについて、経営陣が十分な情報に基づいた判断を下せるよう、各事業の裏と表を理解しなければならない。

リスクを監督するために取締役会は、今日の市場にある危険と、今後自社に存亡の危機をもたらす可能性のある圧力に対する自社の脆弱さを把握していなければならない。また、取締役会は、長期的な成長を加速するために受け入れるべきリスクのレベルを判断できなければならない。

このような役割を果たすためには、取締役は、経営陣を介さない情報を得る必要がある。そのような情報がなければ、取締役は、CEOが彼らに語ることを評価することができない。また、取締役個人がそのマインドセットや価値観、勇気の点でそれぞれ独立しているとしても、独自の情報源、特に自社の外から得られる情報源がなければ、取締役会全体としての独立性を保つことはできない。情報の独立性、その情報源、その選択、形式、適時性、頻度は、取締役の判断、直観、思考、そして行動の独立性の基礎となるものだからだ。

必要なのはデータベースや大量の情報ではない。重要な情報へのアクセスなのである。例えばそれは、自社のビジネスに関連し、保守的なものからリスクを負うようなものまで、さまざまなガバナンスへのアプローチに適うデータへのアクセスである。また、それはさまざまな視点からの戦略的思考を支えるものでなければならず、それには取締役会の年齢、性別、民族、経験の多様性だけでなく、情報源の多様性も必要になる。また、情報をめぐる環境は急速に変化しているため、取締役会は、新しい技術や分析方法に対して常に注意を払う必要がある。最も重要なのは、大量の情報を定性的な報告に結晶化させる思考である。

情報の独立性は、取締役会全体だけでなく、委員会の問題でもある。これまで見てきたように、ギブ・アンド・テイクやエゴの抑止は、10人のグループよりも4人のグループの方が容易であり、それによるインフォーマルな会話が新たなアイデアを生み出すのに役立つ。それゆえに、経営陣と取締役の間の深いやりとりは委員会で行われるのである。そのような場で、取締役は、自分たちがどのような情報を経営陣から求めているかをより明確にすることができる。その後、委員会は得た情報を選別して分析し、その結果を取締役会に報告することができる。

さまざまな情報を常に取得するためにあらゆる情報源を活用するなかで、取締役は、「外部の専門家、特に経営陣と異なる見解を持つ者を信用してはならない」という聖域に遭遇するかもしれない。しかし、取締役会は、自社がビジネスを行う市場を越えた、より広範な市場で変化と破壊を引き起こす圧力についての情報を、経営陣だけに頼ることはできない。正しい質問は、時に外部の人間が発する厄介な質問であり、これが取締役会を新たな調査と分析への道に導く。同時に、別の見方をしようとするときには、取締役は、ＰＥがやるように、常にＣＥＯに最新情報を伝えなければならない。

しかし、本書のためにインタビューした専門家が口々に語ってくれたように、取締役会の仕事を危険にさらすのは、経営陣が持つデータの優位性である。情報を持たない取締役は、警告が見えていてもそれを安全だとみなし、結果として長期的な計画をだめにしてしまうこともある。

情報格差があるということは、会社が迷走しているときに、取締役会が経営陣に異議を唱えることが簡単にはできない、ということを意味する。もし自社のＣＥＯが取締役会に対して悪い業績の説明をしたら、取締役会には、それとは別の見方ができないかどうかを判断する独自の情報源が必要である。実際、経営不振に陥っている企業の中を見ると、取締役会レベルで断絶があることが多い。トライアン・パートナーズのエド・ガーデンは語る。「企業は業績不振に陥っているが、経営陣は取締役会に対して、自分たちのせいではないと理由を並べ立てている。しかし、取締役会はビジネスの微妙な細部を十分に理解していないため、反論することができない。経営陣が持つ情報の優位性が原因なのだ」

取締役が暗中模索している状態では、取締役会は有用な役割を果たすことができない。取締役が戦略について意味のある議論をしたいと思っていても、ほとんどの取締役は自社

図 6-1　新たなバリュープレイブック：情報

情報を多様化する	ボードルームに多様な意見を**取り入れる** 「愚かな質問などない」というルールを**定める** 競合他社や破壊的な競争相手に関するデータを熱心に**研究する**	

や業界のことを十分に理解していない。その結果、取締役会はどこに焦点を当てればいいのかわからず、表面的な議論をしたり、助けにならない提案を口にしたりして、経営陣と取締役会との間にフラストレーションがたまることになる。

　本章では、取締役が社外と経営陣の両方から情報を求めるために有用なアイデアを提示する。また、模範的な取締役がどのようにして必要な情報を得ているのか、そのために必要な努力についても紹介する（図6－1）。

経営陣からの情報

取締役が直面する大きな課題の1つは、経営陣が取締役に消化しきれないほど大量の情報を供給することである。取締役会での経営陣の典型的なプレゼンテーションは、ほとんどが過去のデータで構成されており、セッションのほとんどの時間を使ってしまうだけでなく、議論を必然的に短期的な思考に偏らせる。経営陣は計画の代替案を示さず、公共政策や技術、新たな競合、または新しい営業モデルなど、新たに現れたトレンドについても議論しないこともある。

必要な情報を十分得るためには、取締役会は社外に出なければならない。しかし、取締役会は、自社が今、長期に向けて良い状態にあるかどうかを判断する情報については経営陣から得なければならない。そのために、CEOや経営陣との協議や協力が必要である。

この役割を担う重要な経営者がCFOだ。CFOは、取締役会に提出する情報を作成するうえで要となる存在である。理想的には、取締役の1人、または委員会がCFOと一緒になって、取締役会に提出する情報のフォーマットを設計する。その目的は、取締役と委員会に対して自社の戦略を評価するために必要なすべての情報を提供することにある。それには、自社の最新のニュース、計画されている取り組み、競争環境に関する社内での分析などが含まれる。

これまでは、経営陣が200ページものレポートをまとめて取締役会に提出するのが一般的な慣行だった。私たちは、これはひどい慣行だと思っている。週に1ページの経営陣から取締役会への報告があれば十分だ。もっと知りたい取締役は、電話で問い合わせればよい。

社内人材の評価を助けるために、取締役は、さまざまな社内の人間と時間をともにするべきである。タイコ・インターナショナルでは、元CEOのエド・ブリーンが、取締役のためにさまざまなエグゼクティブと各所の社員とのディナーをアレンジしていた。また彼は、3〜4人の取締役が彼らだけで自社の現場を終日訪れ、現地の経営チームや社員と一緒に工場や研究所で過ごすこともアレンジした。こうすることで、取締役たちは、自社を取り仕切っている経営幹部だけでなく、現地社員が自社の長期的な目標にどれほど進んで取り組んでいるか、経営陣をどの程度評価しているかを知ることができる。

CEOが取締役会に情報を提供し、外部からの視点を与えるやり方のベストプラクティスは、GMのメアリー・バーラのものである。彼女は、良いアイデアのすべてが社内や取締役から出るわけではないと確信している。そのため、少なくとも年1回は、バイサイドとセルサイドのアナリストを招き、それぞれが望むテーマで自社に関するプレゼンテーションをさせている。バーラは語る。「私たちは、業界に精通し、さまざまな視点を持っている人たちから疑問を投げかけてもらえるよう、本気で試みている。実際、当社の取締役会でも、取締役たちに別の考え方を知ってもらうために、当社とは異なる見解を持つアナリストを招きたいと考えている」

バーラは、取締役会の時間を有効に使うために、取締役を書類で埋没させるのではなく、規律を持って情報を伝えようとしている。取締役会の要請に応じて、バーラはＧＭと競合他社に関する報道をまとめたニュースダイジェストを毎日取締役に提供しており、もっと読みたい取締役には記事の抜粋と全文の両方を提供している。また、月に一度、公共政策についての状況の要約を取締役に送付している。これは、業界で起きていることの多くがグローバルな政策や規制に影響を与えるからである。

取締役は、取締役会が開催される前には、自社が注目すべき課題とそれに対する経営陣の意思決定、今回の議案とそれに対して経営陣が取締役会からもらいたい洞察についてまとめた２ページの概要を受け取る。また、毎週、アナリストのレポートをまとめて受け取る。バーラは語る。「時にはそれを読んで、ＣＥＯとしては少し身がすくむこともある。しかし、それは１つの見方なのだ。私たちは、アナリストがさまざまなことをよく知っていて、私たちとは対立する意見を持っていることをきちんと確かめている」

これらすべての情報は、量で提供されているのではなく、きちんと要約されているからこそ有用なのである。このように整理された情報は、取締役会が今後に向けて価値を出すうえで役立つ。事業面と人材面の両方で競合他社に関する包括的な情報が一度得られれば、取締役会は、経営陣が考えもしなかったような問題を提起することで真の貢献ができるようになる。バーラは語る。「取締役の中には、事業についてより深く知るために、あるいは何かを詳細に調べるためになど、他の取締役よりも特定の分野を掘り下げたい人がいる。私たちはできる限り時間を意識してやっているが、多少コミュニケーションを取りすぎているかもしれない。そのあと、さらにどこまで掘り下げたいかについては、その取締役に任せている」

バーラは、長期的な変革の真っ只中にある企業のＣＥＯとして、最新の状況を常に把握するために必要な時間を進んで費やしてくれる取締役会に恵まれている。その結果、経営陣と取締役会のやりとりは双方向になる。バーラは、少なくとも週に一度は、何か起こっていることについて彼女が知っているかどうかを確認したり、彼女の見解を求めたりする取締役からの連絡を受けている、と語る。

バーラが取締役会の時間を大切にしていることは、重要な点を示している。確かに、取締役は経営陣から十分な情報を得るべきであり、そのこと自体は驚くに値しない。しかし同時に取締役は、言葉の山の中から洞察の針を探すようなことがあってはならない。バンガードのジャック・ブレナンは語る。「私はＦＲＢで取締役を対象としたプレゼンテーションをちょうど行ったところだが、かわいそうに彼らは、『取締役会のたびに１０００ページもの資料をもらう。そんなにあっては役に立たない』と言っている」

多くの場合、そのように情報を大量に送り付けるのは、わざと内容を読み解けないようにするためである。取締役はそれに抵抗しなければならない。ＣＥＯは、取締役を寄せ付けないようにするために、取締役会を利用することもある。ウォーレン・バフェットは語る。「もしＣＥＯが本当に取締役を支配したいのであれば（私の経験では片手の指の数くらいはいたが）、基本的には時間をコントロールするだけでよい。彼らはビジネスについては何ひとつ語らないプレゼンテーションを予定する。そして時間を使い切り、あなたがその場から退出するのを待つのである。操り人形のような取締役会を望むＣＥＯは、今でもそのようにできる」

アクティビストの視点

ＰＥが投資する企業の特徴の１つは、経営者とオーナーとの間の緊密な連携である。アクティビスト投資家が公開企業に寄せる関心は、そのマインドセットを反映している。私たちは、公開企業はそのような姿勢を自分の武器として活用するために、もっと努力すべきだと考えている。

そのために取締役会は、アクティビストの株主がどんな情報を要求するかを予測しようとするべきである。アクティビストが見るように自社のビジネスを見るため、デルファイ・オートモーティブのラジ・グプタは外部の人間に自社を分析してもらい、アクティビスト株主になったつもりで経営陣に対するレターを書いてもらう。このレターは外部の情報源によって十分に裏づけられ、そのトーンは本物のように直接的で厳しいものでなければならない。このような視点は、取締役会を勇気づけることもある。同様にＣＥＯは、１人または複数のバイサイド・アナリストをすべての投資家向けの電話会議に参加させ、彼らに質問させるべきである。最終的には、取締役と経営陣の目的は同一である。それは長期的な価値を創造することだ。

ＰＥが投資する企業の取締役会は、彼らの生活がそれに懸かっているため、情報を集める。公開企業もそのように行動すべきである。バフェットは語る。「私が参加した20の公開企業の取締役会のうち、非公開企業としてスタートしたのは、データ・ドキュメントだけだ。その後株式を公開したが、非公開の時は、私がこれまで取締役を務めたなかで最高の取締役会だった。私たちはしばらくの間、私の家で取締役会を行い、午前3時まで会議を続けたこともある。しかし、そこで私たちは、政府やニューヨーク証券取引所が要求するようなことは何ひとつやらなかった」

私たちの経験では、アクティビストは、業績不振の原因や買収につながる脆弱性がどこにあるかを特定するのに役立つ。彼らは一般的に非常に賢く、優れた分析能力を持っている。彼らはまず、対象とする会社が同業他社に比べてパフォーマンスが低いという仮説を立てる。そして、なぜそうなのかの理由を探る。それは経営陣が弱いためか？ その会社のポートフォリオがあまりに複雑で管理が難しいのか？ あるいは、バランスシートのレバレッジが足りないのか？

それらの要因がアナリストをＰ＆Ｌアクティビストとバランスシート・アクティビストに分ける。バランスシート・アクティビストは、自社株買いをして配当金を出せ、それをすぐに実行しろ、と言う。Ｐ＆Ｌアクティビストは、コストが高すぎるとか、製品がコモディティ化しているとか、ポートフォリオを整理してシンプルにする必要があるとかの理由を挙げて、業績不振の原因を指摘する。その意味合いは、経営陣がそれらを修正できなければ、株価は低迷し続けるということである。したがって、取締役会は、経営陣が長期的な価値を創造しているかどうかを、冷酷なまでに徹底的に調べなければならない。もしそうでなければ、アクティビストが来る前に行動を起こさなければならない。

将来求められるスキルを開発する方法についてのアイデアを、取締役会が経営陣以外から求めようとすることも望ましい。ディレクターズ・カウンシルのミシェル・フーパーは、彼女が取締役を務めるユナイテッド・ヘルスグループの取締役会のスキルマトリックスについてアイデアを出すために、外部の投資家と臨床医からなる指名諮問委員会を導入した。彼女は語る。「私たちは保険会社であると同時にヘルスケア企業でもある。自社の長期的な方向性と今後必要になると思われる経験やスキルについて話し合う。その後、委員会に意見を求める。このスキルマトリックスをマイナーチェンジする必要があると思うか、と尋ねるのだ」

なぜ投資家にそこまで詳細に話すようなことをするのか、と疑問を持つ人もいる。しかし、彼女の経験では、オープンにすることによって、会社の方向性に対する素晴らしい洞察が得られ、しっかりとした議論ができるのである。他の企業はさらに進んで、社内大学を設立し始めている。彼らは教育機関と協力して、若い社員に長期的に役立つような経験を積ませるためのプログラムやカリキュラムを開発している。

外部の人間は、自社が迷走していないかどうかを見極めるのにも役立つ。戦略や実行の失敗を発見するために私たちが最初に見るのは、アナリストのレポートや大株主が出席する取締役会だ。私たちの知る業界第3位企業の取締役会は、毎年投資家とのミーティングを開き、経営陣が当期の実績について議論する。ヘルスケアへの投資額、不採算部門の人員削減数、キャッシュフローの増加率など、詳細を述べることで、投資家に対して、やると言ったことはやっている、と伝える。しかし、実行について正確な評価を得るには、取締役会は独立した会社を雇い、顧客から直接聞き取りを行うミーティングを実施すべきである。その目的は、ネット・プロモータースコア（ＮＰＳ）を作成することである。ＮＰＳとは、顧客が自社の製品を推薦する意思があるかどうかを示す指標であり、自社を競合と比較してランクづけするものである。

取締役会は、それを実施することで、自社の競争力が一定の期間で向上しているのか、低下しているのかを確認することができる。この結果によって、経営陣が自社の業績の本当の理由を取締役に説明しているのか、それともただ言い訳をしているのかがわかる。「私たちはできる限りのことをしている」とか、「これをやるようＶＰ（バイスプレジデント）を担当に任命した」あるいは「これは1回限りのミスだ」と経営陣が言うのを聞いたら用心すべきだ。「私のリージョンマネージャーが亡くなり、2カ月間も彼の代わりがいなかった」「中国での会計上のミスだ」も同様である。

たくさんの情報をどう選別するかと、それをどう理解するかは別である。アナリストやアクティビストはここでも助けになる。時に問題の兆候は、1つの大きな事件ではなく、たくさんの小さなことがパターンを見せ始めることによって現れる。CAテクノロジーズの元CEOで、IBMの経営幹部であるビル・マクラッケンは、GEの場合、突然大きな赤旗が上がったのではなく、かなりの時間をかけて、いくつもの黄色い旗が連続して上がっていたのだと指摘している。彼は語る。「取締役会は、黄色い旗がいくつ上がれば赤旗と判断するべきなのか、と自問する必要がある」

GEでは、警告のサインは、収益の認識、適用する会計原則や5年間の評価損の計上に対して疑問を呈したアナリストレポートの形で見えていた。マクラッケンは語る。「GEが多額の評価損を計上すると公表する前に、いったいどれだけ多くの保険会社が長期介護保険事業から撤退したか？（していない）」

ジェフリー・イメルトがGEのCEOを退任する2年前の2015年、GEの問題を外部の視点から鋭く指摘した例がある。トライアン・パートナーズは、80ページに及ぶホワイトペーパーを発行し、経営者や取締役会にも実施可能だが普通はやらないやり方で、アクティビストがいかにして事実を引き出すかを示した。それは事業を深く掘り下げ、競合他社比で数値を詳細に分析し、事実を別の角度から整理して見せた。

以下がその結果の一部である。GEキャピタルの業績は、GEの産業部門の堅調な利益成長を完全に相殺している。それはＧＥキャピタルの売上高に対して資本を使いすぎているためである。経営陣は資本集約度を、損益計算書の指標である粗利益率と並べて考えるべきである。しかし、イメルトは貸借対照表を見ていなかった。ＧＥはその部分を完全に見落としていたのだ。ＧＥキャピタルを売却しても、株主に還元する資本は確保できなかった。また、ＧＥは買収で払い過ぎていた。その結果、ＧＥの過去10年間の1株当たり利益の年複利成長率はわずか１％、過去10年間の株主総利回りは10％と、同業他社の中では最下位になってしまっていた。売上総利益率も低下していた。トライアンはこう結論づけた。ＧＥキャピタルによる1株当たり利益の減少と資本の過度な使用によって、ＧＥの株価は11・２０ドル押し下げられている（現在の株価は45％低く評価されている）。

もし自社の経営陣がこの種の分析に必要な情報をまだ提供していなければ、取締役会はエグゼクティブセッションでこの問題を提起し、収益、利ざや、ＥＢＩＴＤＡ、業界のベストとワーストに対するベンチマーキングなど、長期間にわたって競合と比較した自社のパフォーマンスについての詳細なデータすべてを要求しなければならない。もし自社がそのデータを提供できないのであれば、取締役会はそれを別の場所に要求しなければならない。そうでないと、とマクラッケンは話を結ぶ。「検査という明るい光の中で振り返ったときに、株主が『取締役はどうしてそんなことを見逃していたのだ』とひどく困惑するのはその点である」

取締役会が率先して外部の情報を収集し、分析や提言を行うことで、経営者の行動は変わる。経営者は、将来志向のより広い視野で物事を考えるようにもなる。そして、彼らが広い視野を持つようになれば、外部からのチェックの必要性も減るはずである。これがＰＥの仕事のやり方である。ディールをやる人は、ビジネスモデルの成功を左右するデータを常に深く掘り下げていく。公開企業は長期的な成果を目指して、ＰＥと同じように情報を探索し、吸収するためにもっと努力すべきである。

ウェンディーズは、外部の視点を取り入れることによって企業を立て直し、長期的な価値に向けて方向転換できることを示す例だ。２００８年の金融危機の頃、ウェンディーズは、四半期ごとの財務成果を追求しようとして危機に瀕した。同社は、安いパン、安いビーフ、安い調味料を使い、商品のクオリティを下げることで、それを実現しようとした。また、店舗にも手を入れず、改修も見送っていた。

トライアン・パートナーズは、当時ウェンディーズの20%の株式を保有しており、再生計画を支援した。トライアンのエド・ガーデンは語る。「私たちは会社に行き、『おかしなことはやめよう。基本に戻るのだ』と言った」。その後、ウェンディーズはハンバーガーの材料や調味料を改善し、それに並行して、店舗を改装してディスプレーやＷｉ－Ｆｉ、暖炉などを導入した。

トライアンの関与とその投資額の大きさは、同社が株主に対応するうえで役立った。ガーデンは語る。「経営陣に、次の四半期のことは気にせず、2025年のことを気にするように、と援護射撃した」。実際に、2009年から2012年にかけて株価は低迷した。株主は「小さな改善はどうでもよい。株価は上昇しないではないか」と言った。これに対してガーデンは、「私たちが事業を築き上げていくのにしたがって、株価は上昇すると信じている」と答えた。その後、株主の投資に対するリターンは5倍になった。

私たちにとって、これは、長期的なPEのマインドセットが公開企業にいかに役に立つかを示す典型的な例だ。賢明な企業は彼らを見習おうとするだろう。オグルヴィ&メイザーの元CEOシェリー・ラザラスは、経営陣がいない場でアナリストや投資家と話をすることを好む。彼らが注目している事柄が、彼女が同僚の取締役たちとだけで議論しても出てこないようなものであることを知ったのは、彼女にとって驚くべき気づきだった。「私は投資家や株主の声に耳を傾けることを強く支持するようになった。しかし、これは現在でもまだ、取締役会のベストプラクティスとはされていないと思う」

しかし、たとえ自社に投資をしていなくても、アクティビスト投資家に話を聞く価値はある。それは、彼らが取締役会に対して、自社の戦略と市場全体の動きを比較した適切な見解を示すことができるからである。ステート・ストリートのロン・オハンリーは、ある会議で参加者に対して、自分がアクティビスト投資家で、彼らがファイザーの取締役だと想像してくれ、と頼んだときのことを生き生きと語る。「私は部屋に入ると、『イーライ・リリーの戦略と比較してあなたの戦略がどうか、私の意見を聞きたいだろうか？』と言った。想像できると思うが、その場にいたCEOは恐怖でギョッとした表情を見せた。しかし、取締役会のメンバーはみな背筋を伸ばし、『ああ、それは素晴らしい』と考えていた」。ここからの教訓は以下の通りである。経営者をちょっと緊張させる外部者は、取締役が斬新な戦略的なオプションを考え出すのに役立つ。

取締役が主導権を握る方法

必要な情報を手に入れるためには、報告書の作成を命じたり、外部の人を招いて取締役会で発言してもらうだけでは不十分である。優れた取締役になり、期待に応えるには、取締役会に出席する時間に加えて、個人的な時間を投資する必要がある。優れたCEOは、取締役を顧客向けのイベントや展示会、ディナーに招待し、取締役が自社の製品を見たり、従業員や顧客と交流したり、彼らが自社をどう見ているかを聞いたりできるようにする。

年次の投資家向けイベントでも同じことができる。

取締役は、このような機会を活用しなければならない。そこでは、投資家、顧客、外部のアドバイザー、専門家など、さまざまな視点から自社に対する複数の洞察を得ることができるからである。単なる交流などではなく、そこからは競争環境の中での自社のポジションや、将来業界に影響を与えるトレンドが見えてくる。

また、取締役は、企業のオペレーションを分析する従来の方法を越えて視野を広げる準備が必要である。例えば、業績データを検討する際には、市場シェア、マージン、収益性といった標準的な指標だけでなく、それ以上のものを求めなければならない。ELロスチャイルドのCEOであり、インクルーシブ・キャピタル・パートナーズの共同設立者であるレディ・リン・フォレスター・ド・ロスチャイルドは、人材についての自社のパフォーマンスを評価するために、同業他社と比較した従業員のリテンションのレベルに注目している。彼女は語る。「比較可能なデータを得るのは難しいが、私たちは経営者がどのように人材を引き留めているかを見るために、それを求めている」。優れたCEOは現在、社員レベルでのダイバーシティについても測定している。

取締役の仕事は、そのような情報が経営陣のフィルターを通ったものだけではないと確認することである。この点を含め、ディレクターズ・カウンシルのミシェル・フーパーは、取締役として他に類を見ないほど熱心で几帳面な人だ。彼女は報告書を読むだけでなく、自分の目で観察し、時間をかけて情報を集め、自分が取締役を務める会社の感触を得ている。

フーパーは、通常、取締役は、ＣＥＯや経営陣から業界の見通しや会社の方向性について話を聞くことになると説明する。彼女は語る。「私にとっては、それは1つのデータセットであり、それだけでは十分ではない。取締役としては、それを出発点と呼ぶことにしている。それが、取締役自身が外に出て、自分で情報を集め、理解しなければならない理由である」

フーパーは、経営陣に頼るのではなく、自分で外部のカンファレンスに出席し、例えばテクノロジーやビッグデータ、破壊的な競争相手など、多くの企業の取締役が取り組んでいる課題の新たな方向性について学ぶ。また、そのようなカンファレンスで出会った同僚の取締役たちと話をして、自分が理解しておいたほうが良いと考える新たな研究についてのヒントを得ることもある。

フーパーが取締役会を主導する力は並外れている。「私は取締役での仕事は専門職だと考えている。私の仕事は、単に取締役会についての本を手に入れて、Ｘという問題に取り組んでいる企業の担当者と話をすることではない。また、自分自身で競合他社の分析をすることも自分の責任だと考えている」。すべての取締役は、長期的な価値の創造を目指すのであれば、彼女の取締役の仕事へのアプローチを採り入れてはどうだろうか。

情報を多様化するためのチェックリスト

- □ 経営陣による業績の説明を評価するために、外部の専門家を活用する
- □ 自社の戦略の評価に役立てるため、ニュース、計画されている取り組み、競合についての社内での分析などを入手する
- □ 経営陣が情報を大量に送り付けることに抵抗し、毎月要約された最新情報を送らせる
- □ 経営陣の業績に対する説明内容を確かめるため、自社の顧客満足度を競合他社と比較する
- □ 経営陣に対し、競合他社比での自社の長期間にわたる業績の詳細を提供するよう要求する。アナリストのレポートと比較する
- □ アナリストや投資家と経営陣のいない部屋で会う
- □ 自社の従業員や顧客と会う機会を利用する
- □ 市場シェア、マージン、収益性などの標準的な指標に加えて、競合他社比での従業員のリテンションなどの指標に注目する
- □ 自ら外部のカンファレンスに行き、自分が利用したいと思う新たな研究についてのヒントを得るため、そこに出席している取締役仲間と話をする

第７章

投資家と関わる

投資家と関わる

四半世紀前、企業の権力は皇帝のようなＣＥＯが握っていて、ＣＥＯは、自分のやることが気に入らなければ、株を売れと言うだけだった（しかもＣＥＯは全員が男だった）。その後、長期投資家やアクティビストが舞台に上がり、市場の力によって取締役会の責任を問うようになってきた。取締役会は、自社の人材・戦略・リスクをマネージし、特に長期に向けた計画を立てる際には、最も強力な構成員である投資家との関係もマネージしなければならない。

この取締役会の責務は非常に重要なものである。なぜなら、投資家、特に企業の永久保有目的の株主は集団として、新しいＴＳＲの主要な原動力となるからである。これらの投資家は、株式市場での自社株の値動きに偏った報酬体系や収益を買うことだけを目的とした買収戦略など、短期的な利益の追求を助長するようなやり方を捨てるよう企業に求めている。長期的な投資家にとっては、株価の一時的な上昇は何の意味もない。それが戦略的な収益獲得の取り組みを妨げる場合はなおさらである。

インデックスファンドは、株を売るぞと脅して経営陣に圧力をかけることはない。インデックスファンドは株式を購入し、永続的に保有する。その代わり、彼らは取締役会に対する影響力を求める。彼らの目的は、経営陣の関心を異なる優先課題に向けさせることにある。その優先課題とは、長期的な計画、実行の改善、そして新しいＴＳＲである。

企業と投資家の関係は、協調的な場合もあれば、敵対的な場合もある。どちらなのかを理解することは、必ずしも簡単ではない。そのため、取締役の投資家に対する態度は、しばしば慎重で用心深いものとなる。企業は、短期的な利益を得るために頻繁に圧力をかけるアクティビスト投資家に対しては、あからさまに不信感を示す。

しかし、不信感を示すだけでは何の行動にもつながらない。投資家は「みな平等に創られている」わけではない。アクティビストはなおさらである。それぞれが自分の目的を持っている。それぞれが価値判断の基準と投資のモデルを持っており、それがまったく同じ投資家は存在しない。彼らは異なる情報を収集し、それを診断する方法も、その目的も異なる。取締役会は、彼らのモデルがどのようなものであるかを学ばなければならない。

また、投資家に対応するときには、投資の失敗による投資家の収入への影響は取締役の収入への影響よりもずっと大きく、また投資家の評判への影響も取締役のそれより大きいことを肝に銘じておかなければならない。取締役が失敗しても、つまりは取締役会が失敗しても、その評判は落ちるかもしれないが、お金を実際に失うことはほとんどない。投資家は給料を失い、今後の資金調達力も失う。損失を被るのは取締役ではなく、投資家なのだ。だから、投資家が判断のベースとし、リスクと考える基準を理解するために全力を傾けるべきである。

投資家はほぼ常に賢明で、自社と競合他社についての洞察を持っている。自社の投資家、すなわち自社のオーナーを、経営資源の１つと考えるべきだ。自社の長期的な目的に対して強く反対しているとしても、彼らは役に立つ情報を持っており、彼らの目的がどうであれ、それを得る価値はある。

本章では、どのように、いつ、投資家と会うのか、どのように投資家から有益なフィードバックを得るのか、各タイプの投資家が何を求めているのかをどのように理解するのか、アクティビストにどのように対応するのかなど、投資家との関係をどうやって建設的にマネー

図7-1　新たなバリュープレイブック：投資家

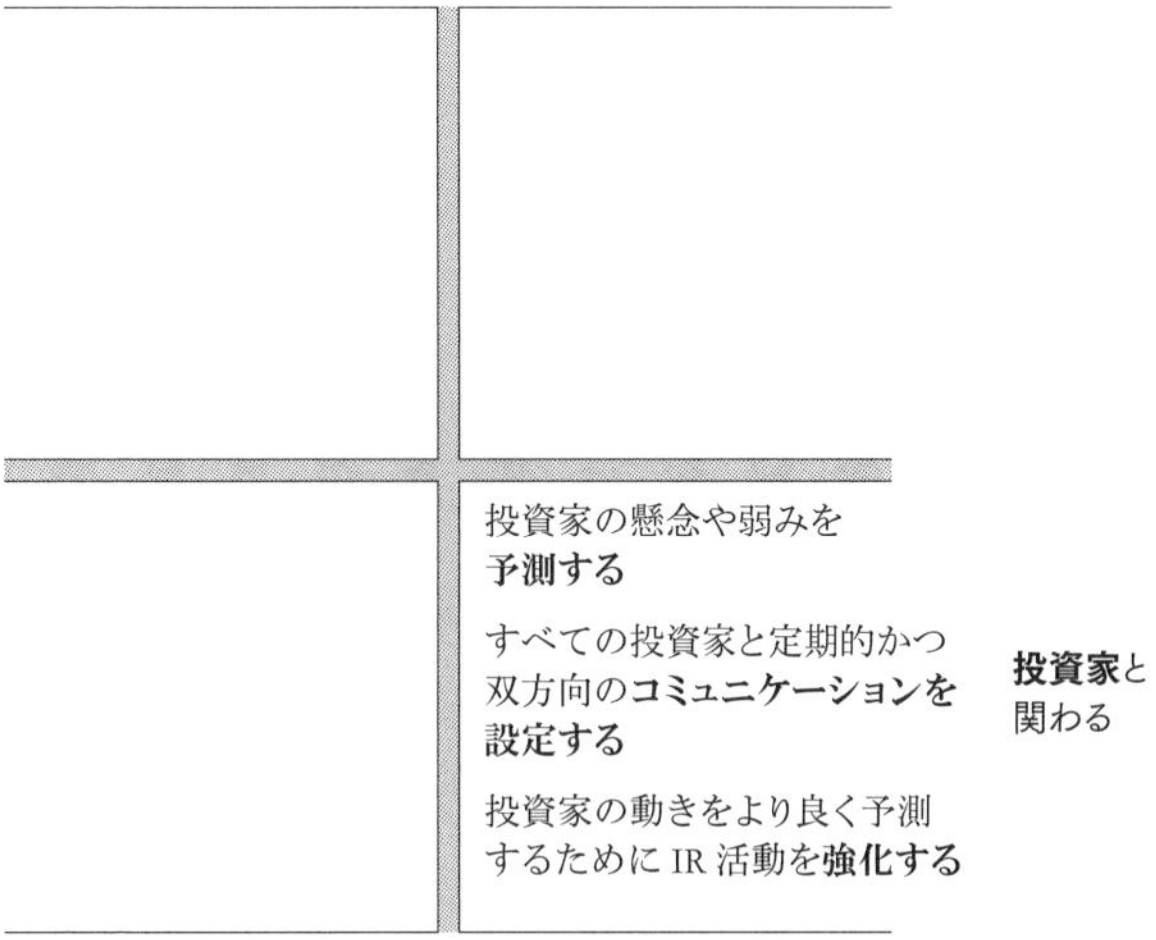
投資家の懸念や弱みを予測する
すべての投資家と定期的かつ双方向のコミュニケーションを設定する
投資家の動きをより良く予測するためにIR活動を強化する
投資家と関わる

ジすればよいかについて示す。そして、ある有名なアクティビストの実像について詳しく紹介する（図7-1）。

投資家と会う

取締役会の中には、投資家と話すことに抵抗し、それを経営陣に任せてしまう取締役会がある。投資家と会うことは取締役会の重要な責務である。第6章で見たように、投資家は、取締役会が経営陣と同じように十分な情報を持ち、長期的な価値創造に向けた計画を立てるうえで、取締役会が必要とする重要な情報の独立した情報源となり得る。賢明な取締役会は、この情報の非対称性をなくすために投資家と対話している。

取締役が投資家と直接話をすることを禁じる方針をとっていたエスティ・ローダーを例に挙げよう。この方針がとられた理由は、経営陣がすでに投資家との対話に多くの時間とリソースを費やしているからであった。以前、バンガードが同社の取締役会に対し、報酬委員会の委員長との面談を求めた。取締役会は、面談するかどうか何度も検討し、その後、ようやくそれが実現した。

エスティ・ローダーの取締役を務めるレディ・リン・フォレスター・ド・ロスチャイルドにとって、この会議は目からウロコだった。報酬委員会の委員長を務める彼女は、投資家とのやりとりで得られた、経営陣がこれまで取締役会と共有してこなかった洞察を取締役会に伝えた。彼女は語る。「私は取締役会が機関投資家と対話することには懐疑的だったが、今では双方にとって本当に良いことだと思っている。経営陣にとっては、当然のことながら、緊張することだろう。しかし私は、投資業界の要望にできる限り答えるよう努力すべきだと思う」

大株主と対話することで、どの株主が長期的な利益を追求しているのか、どの株主がアクティビストに同調しているのかを見極めることができる。大きな課題は短期主義、早く利益を挙げよ、という圧力である。多くの場合、それに屈することは、自社の長期的な利益にはつながらない。だからこそ、株主との対話という課題は重要なのだ。アクティビストが現れてから、主要な投資家に自社のストーリーや戦略を伝え、教育するのでは遅すぎる。

自社が何に取り組んでいるのか、何を目指しているのかについて、明確な理由を示せば、たとえその戦略が業界で普通ではなくても、アクティビストを遠ざけることができる。デルファイ・オートモーティブの会長であるラジ・グプタがタイコ・インターナショナルの取締役を務めていたとき、アクティビストファンドであるリレーショナル・インベスターズがタイコの株を取得した。グプタは語る。「彼らはやってきて、会長のエド（ブリーン）とCEOのジョージ・オリバーに会った。そして、3カ月後には株を売却して立ち去った。彼らはこう言い残した。『あなたがたは、私たちがやろうと思っていたことをほぼすべてやっている』」

投資家としっかりとコミュニケーションしていることによって、自社が少しつまずいたときにも、投資家に味方についてもらうことができる。約束したことを実行していれば、途中でちょっとした障害がでてきても、許容してもらえる。

投資家が知りたいこと

投資家はミーティングで、オペレーション、財務、競争上の自社の脆弱性を明らかにする質問をしてくるだろう。また、取締役会が経営陣を監督する手法が有効に機能しているかどうかについても詳しく聞いてくるだろう。彼らの目的は、株主利益を高めるために、取締役会が人材・戦略・リスクをマネージしているかどうかを確認することだ。しかし、短期的な利益を求めているのか、それとも長期的な価値を求めているのかは、投資家によって異なる。

例えばインデックスファンドやアクティビストなど、ある種のプレーヤーについては、その価値判断の基準を知ることができ、それに合わせてミーティングの準備を進めることができる。その他のプレーヤーについては、彼らが知りたいことを聞くまで彼らがどんなアジェンダを持っているのか知ることはできない。しかし、どのような場合でも、彼らの質問に答える準備作業は、長期的な株主利益を生み出すための取締役会の計画を具体化するのに役立つ。

投資家からの最も重要な質問の中には、経営陣が価値創造を妨げるような短期的な意思決定をしていないことを取締役会がどのように確認しているのか、に焦点を当てるものがある。投資家は、取締役たちが全員で、あるいは個々に、経営陣に対して十分な監視を行っているのか、あるいは経営陣に簡単に及第点を与えてしまう傾向があるのかを知りたがる。

これらの質問に備えるには、取締役は投資家のように考えなければならない。そのためには、同僚の取締役を率直に評価する必要がある。アドバンテッジ・ソリューションズのダン・リフは、取締役である元ＣＥＯたちのパフォーマンスを評価する際、彼らが会社を経営していたときと同レベルの専門知識と緊迫感をもって取締役会での仕事に取り組み、アドバンテッジの顧客に価値を生み出しているかどうかを見ている。彼は語る。「素晴らしい業績を残したＣＥＯ職を退き、取締役会でゆったりと構えて、他の人がやっていることに承認印を押してばかりいるような人がたまにいる。取締役会が実際に現場に出て、経営陣の下の幹部層と一緒に汗をかいたのは、いつが最後だっただろう？」もしその答えが「最近」でなければ、取締役会は仕事をしていないということである。

投資家は、取締役会が自社の経営陣そして取締役会自体のサクセッションにどう備えているか、また、自社が長期的な成長に求められる能力をどのように開発しているかについても質問するだろう。そのために投資家は、取締役会が人材市場について独立した見解を持つために必要な独自の情報源をどのように開拓しているかを知りたがるだろう。結局のところ、取締役が経営陣から独立した情報を持っていなければ、正しい質問をすることなどできないのである。

また、取締役は、ＣＥＯの報酬決定のロジックについても説明できるようにしておく必要がある。報酬水準、報酬の種類、特別な報酬の付与条件は、自社が短期的な成長と長期的な成長のどちらを重視しているのか、あるいは両者のバランスをとっているのかを投資家に示す。例えば、年次の賞与や報酬は、株価が上がると増えるようになっていることが多い。しかし、もしＣＥＯが、株価が目標値を超えたことによって２００％の賞与を得たとしたら、それは短期主義を推進する力となる。経営陣が短期的な目標を達成するために将来のための資金を使おうとする場合、投資家は、経営陣がまず取締役会の承認を求めなければならないかどうかを知りたがるだろう。

取締役会が人材・戦略・リスクをマネージするために実際に何をしているのかを理解するため、投資家は、取締役会がどのように時間を使っているかを確認してくるだろう。取締役会レベルで行われている最大の議論は何か？　それは手続き上の課題についてのものなのか、それとも戦略的な機会やリスクに真に焦点を当てたものなのか？　取締役は現在の取締役会の欠点についてどのように考えているのか？　ビジネスが進化するなかで、取締役会に不足しているスキルは何か？　取締役は責任範囲の中のそれぞれの重要事項にどれくらいの時間をかけているのか？　取締役会は大規模な資本配分について意思決定するために、外部の専門家を活用しているか？

投資家は、ステークホルダーについての質問もするだろう。会社が良き企業市民であるために、社員の多様性を促進するために、また、気候変動やゼロカーボン・イニシアチブから求められる可能性のある条件に対応するために、取締役会は何をしてきたか？

投資家は、取締役会が業績評価指標についてどのように考えているのか、についても聞いてくる可能性がある。ほとんどの企業では、経営陣が自社の価値創造を測る評価指標を設定している。取締役会はこれまでに、その評価指標に質問を投げかけたり、経営陣にその変更を求めたりしたことがあるか？　取締役会がこの質問に答えるかどうかにかかわらず、投資家はプロキシーステートメント（株主総会招集通知）を熟読し、経営陣をどのように動機づけるか、何にどんな責任を持たせるか、に合わせて取締役会が検討している業績評価指標について理解しようとする。

ここから得られる教訓は以下の通りである。取締役は、投資家と同じように自社について熟知していると確信できていなければならない。

投資家と会うタイミングと伝えるべき内容

取締役会は、投資家の持つ情報や分析の恩恵を受けるために投資家と会うが、投資家が持つ目的の違いによっては、同じ調査の分析結果でも聞かされる意見は異なる。しかし、どんな投資家と関係を築くうえでも適用できる原則がある。

投資家との対話で重要なのは、定期的なミーティングを持つことである。投資家との関係づくりには時間が必要だ。投資家の助けが必要になる前に、その関係を強固にしておきたい。ゼロックスの元CEO、アン・マルケイヒーは、上位20～30人の投資家と1年半～2年ごとに会うことを目標としている。彼女は語る。「実際に関係を築くことができるように定期的に会う。投資家の声に耳を傾けることと、取締役会の重要な問題について投資家に聞いてもらいたいメッセージを共有することの両方が目的である」。また、取締役会への出席を要請してきたどんな大口投資家にも会うことを薦めている。「99％イエスと言うよう努力すべきだ」とマルケイヒーは語る。

しかし、主要な投資家を情報過多にして押しつぶすのではなく、しっかりと対話するには、ペース配分が重要である。オグルヴィ＆メイザーの元CEOであるシェリー・ラザラスは、全米の主要な投資家との電話会議を思い返す。ブラックロックの担当者は、ある州の年金基金の担当者に向かって言った。「あなたは私たちを情報攻めにしている。こんなやりとりには耐えられない」

ここでの要点は以下の通りである。すべての上場企業の経営陣が、すべての主要な投資家と関係をつくることが必要だというのをベストプラクティスだと考えてしまうと、投資家は圧倒されてしまうだろう。だから、投資家に連絡を取るときは、彼らの時間的な制約を意識する。焦点を絞ることだ。ラザラスの見解によれば、「投資家とのミーティングから何を得たいのかを理解しておくこと。なぜその会議を開くのか、やりとりすることの価値を理解しておくこと」が重要である。

そのため、株主総会では軽めのアプローチをとることを薦める投資家もいる。ウェリントン・マネジメントのダニエル・ポゼンは、「取締役会がすべての株主と定期的に交流すべきだとは言わない。取締役会が毎年1人の株主を招き、自社についてプレゼンテーションするのは責任あるやり方だろう」。招待する株主は交代制にすべきだ。ある年はパッシブ投資家の株主、別の年は長期的なアクティブ投資家の株主、その次の年は特定の理由で持ち株を売却した元株主、さらにその次の年は中期的な時間軸を持った株主というように。

彼らが持つさまざまな意見にどのように対応すればよいのだろうか？　投資家に合わせたアプローチを行い、自社のポジションを正直に話すことである。投資家が取締役会と会うことを希望するかどうか、またそれを求める頻度は自社の規模と彼らの投資額によって異なることを知っておくべきである。

誰がミーティングを実施するべきか？

取締役会の中で投資家との対話に最も適しているのは、人材・報酬・実行委員会である。私たちの取締役会の委員会のモデルでは、戦略・リスク委員会の委員長は人材・報酬・実行委員会の委員でもある。つまり、人材・報酬・実行委員会が、取締役会の中で人材・戦略・リスクがすべてカバーされる場所なのである。

どんな委員会のメンバーが投資家と対面するにしても、その前に十二分に準備をしておかなければならない。取締役が何も理解しておらず、情報不足で会議に出席することほど投資家に悪い印象を与えることはない。

取締役は、投資家に情報を開示し過ぎるべきではない。取締役会は投資家とオープンにコミュニケーションすべきであるが、重要情報を株主に伝えるべき自社のキーパーソンはＣＥＯだ。企業はどの程度情報を開示すべきか？ ベストプラクティスは、透明性を確保し、そのうえで約束を守ることである。もしそれが特定の投資家が好まない戦略であったとしても、やると言ったことを実行するのだ。例えば、ＧＭは多様な投資家層を持ち、それぞれの投資の時間軸も大きく異なっている。ＧＭは、それぞれの投資家との関係をマネージしつつ、長期的な株主価値のために正しいと思われることを常に実行しようとしている。

しかし、コミュニケーションは双方向のものであるため、ＧＭのメアリー・バーラは、どんな投資家のアイデアも聞くオープンさを持つことを薦めている。「投資家から提案を受けたとき、私たちが最初にすることは、『これはいいアイデアだろうか？ 調べてみよう』と問うことである」。毎回、決算発表の後、彼女はGMのさまざまな大口投資家だけでなく、短期視点のヘッジファンドにも連絡を取り、彼らすべての意見に耳を傾けるようにしている。彼女は通常3〜4回のそれらの電話会議に参加し、IR部長やCFOも同じようにそれに参加している。

このような電話会議をきっかけに、GMは、特に環境問題でより具体的で包括的なサステナビリティ・ゴールを採択するなど、いくつかの新しい取り組みを始めることにした。良いフィードバックを集めることは、四半期決算説明会の素晴らしい活用方法である。

ウォーレン・バフェットも、投資家に対してオープンであることを薦めている。もし自分が自分の姉妹2人と共同で会社を保有していたとしたら共有する自分の考えを、株主にも伝えるべきだと信じている。例えば、悩みの種、価値がある事業とその理由、競争優位の持続性はある会社と別の会社でどう異なるか、今後の資本配分、などである。

バフェットは「CEOは株主に対して絶対的な義務を負っている。私は、誰もが同じ情報を得る権利があると強く感じている。それは、企業評価の見通しや人事に関する重要な情報のことだ。もしそれが重要なら、2人で共同経営している会社のサイレントパートナー

（業務執行に参加しないが無限責任を負うパートナー）に話す内容とまったく同じことを話すべきである」。もしＣＥＯがその役割を十分に果たしていないのであれば、取締役はそれを指摘すべきだと、バフェットは確信している。ＣＥＯであるバフェットが、自身が語ったことをしっかりやっているか、または、バフェットが理解できていない問題があるのかどうかについて、もし投資家が自社の取締役と話したいと言ってきても、バフェットはまったく問題ないと言う。

しかし、彼はＣＥＯの仕事を下に任せることはしない。「資産とそのマネジメントに責任を持つのはＣＥＯであり、投資家はその人の意見を聞きたいのだ。投資家はＣＥＯではない別の誰かが報告書を書くことを望んでいない。私は、ＩＲ部門に重要でない情報をたくさん盛り込んだレポートをまとめてもらいたくはない」

つまり、会社の財務や将来の計画に関する重要な情報を開示することは、取締役会の役割ではないのである。それは経営陣の仕事だ。取締役が、人材・戦略・リスク、そして経営陣をどのように監督しているかを投資家に伝えるのは正しい。しかし、取締役会の主な仕事は、投資家が自社をどう思っているのか、自社について何を知っているのか、を知ることだ。

業績予想（ガイダンス）を出すべきか？

企業が投資家に対応するうえで最も悩ましい問題の1つは、業績予想（ガイダンス）を出すべきか否かということである。私たちは、ガイダンスを与えないことを薦める。もしどうしてもそうしなければならないのであれば、相当の余裕を持っておくべきである。そうしなければ、愚か者のゲームをやることになる。私たちは、ティー・ロウ・プライスが、業績数値は予測できないので株主にはガイダンスを与えない、としていることに同意する。元会長のブライアン・ロジャースは語る。「私たち自身が上場企業として、ガイダンスに合わせてビジネスをやることを徹底的に避けている。企業や経営陣は常に控えめな約束をし、期待以上の結果を出したいと考えている。しかし、経営陣が短期的な業績見通しに自信があるために、過剰な約束をしてしまうことがあまりにも多いのだ。そして、期待を裏切ると、地獄を見ることになる」

ロジャースは、数年前にJPモルガンのCFOがオフィスに来て、ガイダンスを執拗に求めたことを思いだす。自社のCFOは「私が言えるのは、株主資本利益率（ROE）の目標があるということ。当社の簿価がいくらかはご存じだろうから、それを考えてみてほしい」と言った。それがガイダンスの範囲、すなわち、予想される結果がそこに入るだろう広いレンジである。そして、それが提示すべき限界である。

またガイダンスは、誰にとっても必ずしも有益ではない場合が多い。一時的な問題によって株価が下がった場合、普通はすぐに回復する。なぜなら、長期保有するトップ10人の大株主たちが、少なくとも50%の株式を保有しているからだ。残りの株はアクティビストのトレーダーたちの手にあり、彼らは反応せざるを得ない。しかし、ガイダンスを出さなければアナリストたちの行動は変わり、それは彼らのアドバイスも変えるだろう。

ガイダンスは短期主義を助長する。企業がガイダンスに合わせてビジネスをやることを止めるか、少なくともガイダンスを非常に長期的なものにすることができれば、長期的な目標を追求するための余裕が生まれるだろう。

アクティビストとの付き合い方

長期的な経営を目指す企業にとって、アクティビスト投資家は特別な脅威となる可能性がある。特に、自社株をかなりの比率で保有し、手っ取り早く利益を得ようとする投資家は要注意である。私たちの助言は以下の通りだ。「最悪の事態を想定しつつも、アクティビストを諸悪の根源と決めつけてはいけない。また、彼らの目的が間違っていたとしても、彼らは情報の宝庫となり得る」

アクティビストは、株主のためにより高い市場価値を創造することを目的として、企業の戦略や構造の欠陥を特定するために、他のプレーヤーよりもはるかに広範な分析作業を行う。彼らは、数百万ドルを投じて専門家に相談したり、元社員と現社員、サプライヤー、顧客にインタビューしたりして、ある企業の業績を競合他社と比較して評価し、弱点と脆弱性を明らかにする（トライアン・パートナーズがGEに対して行った分析例は第6章参照）。取締役はアクティビストが行う分析に基づいて行動すべきではない。それは、長期的な目標を損なう可能性がある。しかし、アクティビストはパフォーマンス上の課題の本質を突き止める。

そこで、投資家と会うときには、彼らの質問から学ぶ準備をすべきである。企業の問題に対する投資家の診断は、ＣＦＯや外部の投資銀行が現実世界でのインタビューではなく主に定量データに基づいて行った調査よりも優れていることが多い。取締役会は、アクティビスト投資家が徹底的に調べた分析結果をＣＥＯと議論する際には、細心の注意を払って聞いておく必要がある。彼らの目的は良くないかもしれないが、その意見は参考になる。それを利用するのだ。

アクティビストは、ポートフォリオやＭ＆Ａの評価もリソースを投入して実施する。彼らからの問い合わせに備えておくべきである。アクティビストが調べる典型的な基準は、過去の買収案件のうち、いくつが価値を生み出し、いくつが価値を毀損したかである。取締役会は投資家に今後何をするかを話すことはできないが、投資家は過去のディールのパフォーマンスに関する公開情報を調べるだろう。

つまり、質問をすることでアクティビストは、取締役の答えが自分の調査と一致するかどうかを見ているのである。取締役会がどれだけしっかりしているか、必要なスキルを持っているかを見極めようとしているのだ。投資家と取締役会の間で交わされるすべての会話の裏には、この質問が潜んでいる。

どのようなアクティビストなのか？

アクティビストにはさまざまな種類があるが、きちんと区別することが必要だ。特定の方向性を持たないもの、企業のポートフォリオをバラバラにしようとするもの、合併の機会を作り、新たな市場価値を実現しようとするもの、などがある。最後の種類のアクティビストは、多くの企業が自社に合わない事業を持っていることを前提としており、そのような資産を誰かに売却すれば、その事業部門は新たな場所でより多くの価値を生み出し、自分たちもより多くの価値を得ることができると考えている。

取締役に洞察力があれば、アクティビストをこれらの異なる種類に分け、手っ取り早く利益を得ようとしないアクティビストを見極めることができるはずだ。ティー・ロウ・プライスやウェリントン・キャピタル・グループのような企業は、長期的な投資家と同じような考え方を持ち、企業が将来に向けて価値を創造するための洞察を提供する。

最大の脅威は、時間軸の短いアクティビストを相手にすることである。元バンガードのジャック・ブレナンは語る。「バンガードのインデックスアセットにとっては『血糖値』が一時的に上がるだけだが、彼らは1年、2年、3年という短期の内部収益率（Internal Rate of Return）を使っている。アクティビストはそこでコーヒーを飲むために存在している。それが、彼らの存在の最も破壊的な側面である」

賢明な企業は、アクティビスト投資家に攻撃を受ける可能性のある問題に対して、できる限りの対策を打っている。例えば、危機的な状況下では流動性は重要であるが、緊急時の必要性とバランスシートに現金を持ちすぎるリスクとの間のバランスを取らなければならない。

皮肉なことに、経営陣は時に、投資家からの圧力に先駆けて対応することで、アクティビストの攻撃から会社を守ろうとすることがある。トライアン・パートナーズのエド・ガーデンは語る。「私たちが取締役会に出席すると、短期的な視点で物事を考えているのは経営陣であることがわかる。彼らは市場から短期的に考えるように仕向けられている。『想像するのはやめよう。計画を立てよう。２０１８年に起こったことにとらわれるな』と、取締役会に行って発言するのは私たちなのだ」

投資家の中には、短期主義による圧力の理由を、アクティビストではなく、年金基金や政府系ファンド、寄付基金や財団などの機関投資家に求める人もいる。バリューアクト・キャピタルのジェフリー・アッベンは、「彼らは、ＰＥを最高のリターンをもたらす資金と見ているが、ロックアップされており流動性が低い。そこで公開市場を特に高い流動性がある資金の残高として利用している。機関投資家は、公開市場の時間軸を短くしている」

これは、私たちが公開企業の取締役会に参加したときの経験と一致する。公開企業と非公開企業の両方の取締役を務める私たちの同僚の1人は、その違いを次のように説明する。「私が参加している非公開企業の取締役会では、必要なときにはいつでも変化を起こすアジリティ（俊敏さ）があるが、同時にものごとを長期的に考えている。一方、公開企業の取締役会では四半期でものごとを考えているが、必要な変化を起こすアジリティはない」。非公開企業で見られるような長期的な思考を取り入れるべきである。そうすれば、取締役はアクティビストのように考えることができるだろう。

アクティビストが動くとき

アクティビストが自社の株を保有している場合、彼らに自社の目的を理解してもらえるように対話する。誰が自社を所有するかを決めることはできないが、会話の内容に影響を与えることはできる。

多くのアクティビストは、長期の業績不振を覚悟して割安な株に投資しようとはしないが、最も敵対的な買収者の多くは単独では行動しない。彼らは1人または複数の大手機関投資家の支援を求める。上位10名の投資家は、その会社の株式の50％を所有している可能性が高い。どんなアクティビストも、このような大口投資家の支援がなければ、会社を分割したり、取締役会を制したり、CEOを解任したりすることはできない。

そのため、短期的利益を追求するアクティビストから身を守るための最善の方法は、大口投資家を身近に置くことである。取締役会とCEOは、重要な投資家とコミュニケーションをとり、彼らが味方になってくれるよう説得することに注力しなければならない。現在、私たちが目にしているのは、これらの大規模な機関投資家が「友好的なアクティビズム」を好んで使うことだ。彼らは徹底的に調査し、投資先の企業と共有したい視点を持つ。彼らの最大の関心は、投資した会社の存続である。

しかし、どのような目的であれ、アクティビスト投資家と接する際には、耳を傾けることが最善の方法だ。時には彼らのアイデアを利用するのもいいだろう。ゼロックスのアン・マルケイヒーがターゲットの取締役を務めていたとき、その10％の株式を保有するパーシング・スクエアのアクティビスト投資家、ビル・アックマンが企業再編の提案をしてきた。取締役会は彼の話を傾聴した。マルケイヒーは振り返る。「取締役の誰もが、これを無視してはいけない、と思っただろう。彼は良いアイデアを1つ持っていた。それは金融部門を売却することだった。その後、私たちはそれを実行したのだ」

ここで得られる教訓は以下の通りである。すべての投資家が分析と判断のための情報源になりうる、と考えるべきである。投資家の多くは、多くの取締役よりもオーナーとしてのマインドセットを持っている。そのような投資家を、独立した情報を提供してくれるパートナーとするべきである。

アクティビストが取締役になった時

アクティビストが取締役に就任した場合、どのようなことを予想すべきだろうか？　どのように振る舞うべきだろうか？　自社にどのような期待があるにせよ、最良の方針は良い聞き手になって、たとえ彼らの言い方が気に入らなくても、彼らの話の内容で判断することである。時には、自社の長期的な成長に純粋な関心を示し、建設的な視点を持っているアクティビストがいるならば、たとえ強制されなくても、彼らを取締役会に招くことを検討してみてもよい。

例えば、会社の基本的な部分がうまく機能しておらず、変化を起こす必要があるときに、アクティビストが取締役に就任するケースがある。その代表例が、アッペンの会社がマイクロソフトの株式を大量に購入した後に行った動きである。2013年、彼はその影響力を利用して、バリューアクトの社長をマイクロソフトの取締役に就け、スティーブ・バルマーをCEOから退任させた。それは、マイクロソフトが72億ドルを投じたノキアの携帯電話事業の買収などを含む戦略が失敗したことによるものであった。この変化によってマイクロソフトは軌道に戻ることができた。

このような大変革は、たとえ最終的には長期的な価値につながるものであっても、精神的な痛手となる。トライアン・パートナーズの創設者であるネルソン・ペルツのようなアクティビスト投資家が、大きな投資をした会社に入ったときに何をするかを紹介しよう。通常、トライアンは業界に精通したパートナー1名を「ウォールーム」に送って各層のマネジメントに会い、ミーティングすることを要求する。このような関与は、既存の取締役を慌てさせることになる。しかし、トライアンが持ち込む専門的な知識によって、取締役はCEOに対してより良い質問をすることができるようになる。目的は、取締役に、従来の会議の頻度を超えて自分で汗をかくよう働きかけることだ。

このようなことがあるため、アクティビストが取締役会に加わったときに心を開いておくことが自社の価値を作り出すことに役立つ。2013年、トライアンがデュポンの株式を取得した後、この投資家はこの化学企業と向き合い、アクティビストのプレイブックにある3つの項目に焦点を絞った。それは、オペレーション効率やコーポレートガバナンスの代理指標となるコスト構造、バランスシートのレバレッジが不足していないかどうかを評価する資本構造、事業のラインナップが肥大化し削減する必要性があるかどうかを確認するポートフォリオである。トライアンは、早くから、会社を3つに分割するアイデアを提案していた。そして、トライアンはデュポンに40ページを超える詳細で包括的な分析結果を提示した。

しかし、元CFOのニック・ファナンダキスによると、トライアンの数字は誇張され過ぎていたという。「彼らは、間接費を20億～40億ドル削減できると言った。しかし、実際のコストは40億～50億ドルしかなかった。したがって、その提案は受け入れがたいものだった」。その後、2年間にわたって対立が続いた。トライアンは作成したホワイトペーパーを投資業界に公開し、デュポンは自身の立場を守るために多くの時間と費用を費やした。

委任状争奪戦ではデュポンが僅差で勝利したが、半年後、農業事業の不振から再び事態は悪化した。ＣＥＯは去り、取締役のエド・ブリーンが後任に就いた。最終的にデュポンはダウと合併し、両社の事業を合わせて再編して、農業、特殊化学、素材の各企業に分割されることになった。これはトライアンの最初の提案であるデュポンの3分割案と、デュポンのダウとの合併案が合体したものだった。

デュポンをコングロマリットから3つの事業に特化した企業に変えることで、莫大な価値を引き出すことができた。ブリーンが就任してから最も効果的だったアイデアは、40年前から続いていたデュポンのマトリックス構造を廃止し、ビジネスラインに厳格に基づく構造に変更したことだった。この変更によって、直接的・間接的なコスト削減が実現した。ファナンダキスによると、各事業部が自分でコストをコントロールできるようになると、自分たちの支出に対してより厳しくなったという。この効果はドミノ式に広がり、マトリックス構造からの移行以上に大きなコスト削減につながった。デュポンでは、年間コストを10億ドル削減した。これは、トライアンが言っていた削減額のほんの一部だが、それでも予定外の大きな利益である。

トライアンとの当初の時期を振り返って、ファナンダキスは語る。「私たちの最大の誤りは、最初のミーティングで彼らが突き付けてきた情報があまりにも極端なものだったため、守りの姿勢で戦いに臨んでしまったことだ。もし、もう一度やるのであれば、そこまで守りには入らないだろう」。その代わりに、彼は協力的な姿勢をとり、トライアンの数字の誤りと自分の数字の正しさを示し、会社と投資家に両方に利益をもたらすような、より計画的な一連のアクションを追求しただろう。最終的に、取締役会でのアクティビストの存在は、デュポンの経費削減、資本構造の改善、ポートフォリオの見直しに貢献し、長期的な株主価値の向上につながった。

破壊的なアクティビストに対応する

アクティビストの中には、最悪の悪夢を正夢にする者がいる。彼らは少なくとも、取締役会に異なる種類のエネルギーをもたらす。バンガードのブレナンは、一部の例外を除いて、アクティビストがいると取締役会のダイナミクスは悪い方に向かうと主張する。「マーケットは、取締役会や経営陣が人材・戦略・リスクのマネジメントを正しく行うために、その生産性、費用対効果、成功への意欲を最大にする力となるべきだ。別のアジェンダを持った人間が取締役会にいるというのは、それとは違う。アクティビストは、例外的な状況を利用し、または混乱を起こすために例外的な状況を作り出す」

取締役会にいるアクティビストは、その行動においても破壊的なことがある。オグリヴィ&メイザーの元ＣＥＯ、シェリー・ラザラスは、取締役会では口調と行動が非常に重要だと確信している。一部のアクティビストは、最も攻撃的な態度をとって対立する方法を学んでいるようだ。彼女は語る。「アクティビストが取締役会に提案してくる内容は本当に重要だと思うが、そんなに挑発的な行動をとる必要はない。もし彼らが取締役会に参加することを主張し、自社がそれを受け入れるならば、その行動が重要だ。建設的であることが重要である。誰かが30分ごとに火炎瓶を投げているようでは、取締役会は少しも良くならない」

アクティビストが取締役会に参加すると、細部にしつこくこだわる状況に直面するだけでなく、会社の種類によっては、ダブルスタンダードになる可能性もある。ステート・ストリートのロン・オハンリーは、フォードのCEOであるマーク・フィールズが、今見ればかなり良いプランを持っていたにもかかわらず、細かいことにいちいちケチをつけられ、懐疑的な態度を示されたことを思い返す。それに比べると、テスラについてのイーロン・マスクの説明を承認する投資家の姿勢は対照的だ。オハンリーは語る。「誰もがイノベーターではない。質問はまったく同じでないとしても、同じレベルの厳格な審査を受けるべきだ。私たちはイノベーターには概念的なチャートで許しておきながら、従来の企業にはスプレッドシートのG列42行目を見て、1・2倍ではなくなぜXなのか、と言ってうんざりしきっている」。イノベーターではない伝統的な会社にアクティビストが入ってくると、難しいことになる。

しかし、最も困難な関係でも実を結ぶことがある。ある新米ＣＥＯが最も難しいアクティビストとの関係から学んだことは、「オープンであること、そして自分の信念を貫くことを恐れないこと」であった。

アクティビストのように考える

第２章では、取締役会の主な役割の１つは、新製品の導入、既存事業のリバランス、そして買収について経営陣を監督することである、と論じた。この仕事を厳格に実行するならば、取締役会はアクティビストがするように戦略を考えていくことになる。年間を通じて、戦略会議のたびに、経営陣に新しい大規模な事業機会について質問するときに、取締役は、常にアクティビストのことを念頭に置き、経営陣が短期と長期の計画の間、そして自社のさまざまなステークホルダーの間で、適切なバランスを取ることができるように支援する必要がある。

取締役会は、長期的な思考の原動力とならなければならない。未来を築くために毎年投資することは必須である。取締役会は、例えば、４四半期ではなく８四半期の計画を採用し、四半期ごとにマイルストーンを見直すなど、長期的な視点を醸成するためにさまざまな手段を講じることができる。もし企業が将来に向けて投資していて短期的な業績が下がった場合、真に短期的なリスクは買収に対する脆弱性だけである。取締役会は、経営陣になぜ短期的に行動する圧力がかかっているのかを理解し、彼らが長期的な視点を持つよう支援する気概を持たなければならない。

このバランスを取るうえでのCEOの役割は、アクティビストが目を付ける可能性のあるすべての弱点と機会とを認識し、取締役会と議論することである。アクティビスト株主はしっかりと下調べをする。経営陣や取締役会にアプローチするときには誇張して話すかもしれないが、多くの場合、業績を改善する機会は実際にあり、よく分析されている。彼らは、マッキンゼーや元CFO、元CEOをアドバイザーとして起用している。その費用は、彼らの投資額や潜在的な利益に比べればわずかなものである。

アクティビストは、さまざまな方法で企業を分析する。トライアンが2015年に、「GEには、成長投資のために、あと200億ドルを負債で調達できる余力がある」と宣言したように、彼らは企業の資本構造に注目する。また、オペレーションのコストだけでなく、マーケティングコストも含めたコスト構造にも注目する。

伝統的な企業では、販売費と一般管理費を1つの項目として把握する傾向がある。一方、デジタル企業は販売費を分け、それを成長投資とみなす。デジタル企業は、売上高に対する販売費の割合を同業他社と比較することで、その効率性を測ることができる。例えば、ソフトウェア企業であるシトリックス・システムズの２０１４年の販売・マーケティング費用は、売上高の40・3％で、業界平均を大きく上回っていた。アクティビストが介入したのは、その翌年のことだ。

アクティビストは、企業のポートフォリオにも注目する。アクティビストが尋ねる質問の中には以下のようなものがある。企業が本業と関連性のない事業を持つ場合、それぞれの事業が同業他社よりも優れた業績を収めているか？　経営陣が主張するシナジーは金銭的な価値に換算されるのか？　自社よりも他の誰かにとって価値がある事業はどれか？　多角化企業の経営者は、健全な事業から不採算事業に資金を配分することがある。シアーズが１９８０年代から１９９０年代にやったのはそれだった。そして、ウォルマートの成功の鍵となったＩＴ投資を十分に行うことができなかった。

アクティビストを呼び込まないためには、現金を過剰に保有しないよう注意すべきである。アクティビストは、現金という形での資本配分を求める。デジタル時代には、現金支出のうち大きな割合を占めるのは設備投資ではなく、利益を圧縮し税金を減らす営業費用になる。そのため、企業には、最低でも3～5年の間、どのようにして現金を生み出し、その資金をどう使っていくのかを示す戦略が必要である。

多くの企業でキャッシュフローがプラスになり、借入金利はゼロに近い状態である。成長や買収のために現金を使用する確かな計画がない場合、経営陣は、その現金を自社株買いや配当に使おうと考えるかもしれない。一方、取締役会は、自社株買いによって発行済み株式数が減ることに注意を払わなければならない。そうでなければ、株式を希薄化して株価を抑制するストック・オプションが報酬の過大な部分を占める場合のように、何かが間違った方向に行く可能性がある。ブラックロックのＣＥＯであるラリー・フィンクは、ＣＥＯへの手紙の中で、事業の成長の代わりに増配や自社株買いが多すぎることを批判している。

アクティビストはデジタル時代への適応が遅れている企業を探す。デジタル化によってビジネスは大きく変化しているが、伝統的な企業の中には十分な対応ができていないところもある。一般的に遅れているのは、来店者数の減少が加速している実店舗型の小売店である。伝統的な企業は、年率15％の成長が素晴らしいと考えているかもしれないが、構造的に減少している店舗売上に手が打てていない可能性がある。

アクティビストは割安株も探す。市場は、おそらく経営陣の信頼性が低いために、会社の戦略が生み出す可能性や、短期的・長期的業績に対する新しい取り組みの価値を認識していない可能性がある。取締役会は、経営陣のしっかりとした長期計画に支持が得られるよう、投資業界に協力者を作らなければならない。

企業の防衛を助ける動向の1つは、投資構造の変化である。バンガードのブレナンは語る。「インデックス投資家の市場シェアの拡大は、ガバナンスと長期的な企業業績にとって大きな成功を意味する。究極的に望ましい状態は、企業の長期的な成功に強い関心を持つインデックス投資家が株式のかなりの部分を保有し、一方でアクティビストの世界から短期的なフィードバックを得ることである」

これらのすべてを通して、取締役の役割は、投資家との信頼関係を築くことである。そのために取締役会は、経営者が自社の将来を築く投資を行いながら四半期ごとの業績のマイルストーンを達成するように助ける必要がある。投資家に詳細な情報を提供し、「次の四半期の税率はいくらだろうか？」のようなセルサイドの質問を阻止するよう、投資家との電話会議の前にＣＥＯを指導する。投資家からの質問に答える際には、長期的な視点と短期的な視点を結びつける。取締役会は、経営陣の説明部分や取締役の発言での守りの姿勢を注意深く見守る必要がある。投資家向け電話会議は、自社のものだけでなく、一部の同業他社のものも含めて注意深く聞く。

賢明な企業は、投資家向け説明会を自社の戦略を語るための練習の場としている。例えば、JPモルガンでは、毎年、投資家向けに全事業分野を網羅した丸一日のカンファレンスを開催している。経営者は3カ月かけてその準備を行い、自分を厳しく問い詰めたり、大勢の前で直面するであろう質問に答えたりしている。各部門は、その3カ月の準備を30分のプレゼンテーションに集約しなければならない。

この会議の準備にあたり、JPモルガン・アセット&ウェルス・マネジメントのCEO、メアリー・エルドスは、「真実を、真実だけを話してほしい。神に誓って」と社員に依頼する。「こんな機会は他にはない。CEOの私が感じる痛みを部下に感じさせる方法はまだ見つからない。なぜなら、彼らは規制当局や他の部門に加え、世界中のあらゆるアナリストを含む聴衆の前に座らなくてよいからだ。だから彼らにとっては、これがその最高の準備になるのだ」。その時間は実を結ぶだろう。

アルファ・アクティビスト——彼との出会いが教えてくれること

上場企業に関与したアクティビストの中で最も有名な、見方によっては悪名高い、カール・アイカーンは、トランス・ワールド航空の敵対的買収によって、1980年代から「乗っ取り屋」として有名になった。

アイカーンは2007年1月、モトローラのCEOであるエド・ザンダーにボイスメールで提案を送った。そのときザンダーは、スイスのダボス会議の年次総会に、最高執行責任者（COO）のグレッグ・ブラウン（現モトローラ・ソリューションズの会長兼CEO）とともに出席していた。ザンダーは、アイカーンが改革を煽っていたタイム・ワーナーの取締役でもあった。アイカーンは、タイム・ワーナーについて裏で助けを求めて来たのかもしれない、あるいは「ハロー、モト」と言うために電話をかけてきたのかもしれない、とも考えられた。ブラウンはザンダーに、「絶対に彼と話すべきだ」と言った。ザンダーはアイカーンに電話をかけた。答えは「ハロー、モト」だった。

アイカーンは、モトローラの5％の株式を取得していた。彼の第一の動機は、モトローラの余剰資金であった。ザンダーがその少し前にCNBCに出演した際、インタビュアーは彼に「現金をどうするのか」と質問した。ブラウンによればその答えは、「たぶん、地面に置いて、その周りで転げ回るかな」だった。モトローラはオペレーション上の問題も抱えていた。看板商品である携帯電話「Razr」は人気だったが、その人気にも陰りが見えていた。価格も下がってきていた。また、モトローラ最大の携帯電話部門の経営状態も悪く、コングロマリットであるモトローラを崩壊させる可能性もあった。

ブラウンは語る。「人々が目にしたのは、マリア・シャラポワやデビッド・ベッカムが、さまざまな色のRazrを販売している姿だった。しかし、私たちには何十種類もの携帯電話があり、５つのオペレーティングシステム、複数の半導体、３つの異なるソフトウェアがあった。私たちはマーケティングキャンペーンだった。相当によくできたものだった。しかし、それはマネジメントのひどい会社の姿を隠していたのだ」

アイカーンは、モトローラの取締役会に２人の取締役を派遣した。ブラウンによれば、アイカーンのアドバイスは「モトローラを解体しろ、解体しろ、解体しろ」だった。それにザンダーは抵抗した。ザンダーは、モトローラが開拓した携帯電話事業はいまだにモトローラの未来だと考えていた。結局、ザンダーは会社を追われた。ブラウンが彼の後任となったが、その直後にアイカーンから電話があった。ブラウンは振り返る。「基本的に彼が言ったのは、『この会社は何年も間違った経営をしている。君が誰かは知らないが、君がそれを解決しなければならない。６～９カ月の間に君が変えてくれなければ、別の人に代わってもらうことになる』」

ブラウンのそれに対する反応は、長期的な価値を守りながらアクティビストとどう付き合っていくかを示す素晴らしいガイドである。彼は、アイカーンが部外者だからという理由だけで、これをやれ、という彼の助言に抵抗すべきではないと結論づけた。「私は、アイカーンや彼に対する世論にとらわれなかった。情報源が何であれ、良いアイデアであればそれを受け入れた」と彼は語る。「アイカーンが会社に入ってくれれば、抵抗が起きるのは自然な反応だ。しかし、私は『彼が変化の触媒になるのなら、それを利用しない手はない』と言った」

ブラウンは数カ月のうちに、携帯電話事業の責任者を解雇し、ウォール街で業績予想を大幅に引き下げ、携帯電話部門をスピンアウトさせる計画を発表した。ブラウンは語る。「私は、これは経営陣にとって変化を起こす絶好の機会だと考えた。なぜなら、私たちは重症の事業を抱えており、声の大きな強力なアクティビストが変化を要求していたからだ。アイカーンが推し進めた変化のうち、私が反対したものは1つもない」

1つだけ例外があった。それは、携帯電話部門をスピンアウトさせた後、主に公安と緊急通報を事業領域としていた残ったモトローラの事業体をすぐに売却することだった。これが、2人の唯一の意見の相違点となった。携帯電話部門のスピンアウトには3年かかった。ブラウンは残る事業体の売却の意思を公表しようとはしなかった。アイカーンは、ブラウンは株価を上げられるかどうかわからず、自分の立場を守ろうとしているだけだと反論した。ブラウンは、会社の大部分を売却するなど、彼がやってきたすべての打つ手はアイカーンの要求に応じてやったことであると取締役会で指摘した。そして彼は語った。「私は変化を起こす意思を示してきた。これをやらせてほしい。もし買い手が現れるならそれでいい。しかし、私に経営を改善させてほしい」

取締役会はブラウンを支持した。アイカーンは最終的に、モトローラ・ソリューションズの2370万株を1株49・15ドルで売却した。2020年初頭、株価は187ドルの高値をつけた。「売らなければよかった」と、後にアイカーンはブラウンに語った。「あなたはあのディールで私を欺いた」。それはただ冗談で、売却はアイカーンが自分で決めたことだ。それでも彼はモトローラへの投資で5億ドル以上の利益を得た。

アイカーンに立ち向かうことで、ブラウンは自分が主導権を握る準備ができていることを投資家に示した。しかし、2人の関係を築き上げたのは、ブラウンが自分から経営に対するコントロールを弱める変化を受け入れたことだった。携帯電話部門の責任者を解雇した後、スピンオフするまでの間、ブラウンは、技術的な専門性を持つ後任を探した。ブラウンは、この仕事を引き受けることに同意した候補者、クアルコムのCOO（最高執行責任者）であったサンジェイ・ジャを候補者として探し出した。しかし、就任直前になって、ジャは、モトローラ全体の共同CEOに就任できないのであれば行かない、という連絡をしてきた。ブラウンは、ジャがはったりをかけているのだと思った。携帯電話事業をスピンオフしたらすぐに、ジャは、そのCEOになるのである。ブラウンの本能は、そのはったりに乗ることだった。取締役会は、ブラウンがやりたいことは何でも支援すると言ってくれた。

　ブラウンは、モトローラの取締役でアイカーンの代理人の1人であるキース・マイスターから電話を受けた。マイスターはブラウンにどうするのかを尋ねた。ブラウンは言った。「考えてみるが、ジャが共同ＣＥＯのポジションを要求してきたやり方を思うと、彼を共同ＣＥＯにしたいとは思わない」。それを聞いてマイスターはブラウンに言った。「アイカーンは君の決断を注視するだろう。絶対に失敗するなよ」

　ブラウンの頭の中では、ジャが携帯電話部門のＣＥＯにふさわしい人物であることに疑いの余地はなかった。たとえ自分の要求が通らなくても、ジャがこの仕事を引き受ける可能性は90％あると考えていた。ブラウンは、相談役が必要だと思った時に頼る人に、この件を話してみた。息子のトロイである。トロイは言った。「10分の1の確率でジャを失うのなら、そのリスクを取るのはどうかしているよ」。そして月曜日、ブラウンは、ジャに共同ＣＥＯの地位を与えると伝えた。彼は振り返る。「今でもカール・アイカーンは、この決断が私にとって最高の決断であり、彼の私に対する評価を確固たるものにしたと言う。『ほとんどの人は自分のエゴにとらわれ、それを正当化するが、君はモトローラにとっては正しく、自分にとっては間違った決断をした』と言ってくれた。それが私の評判を高めたのだ」

アイカーンとの関係はブラウンに、アクティビストに対する異なる印象を残した。ブラウンは、アイカーンを「ウォルター・マッソーとコロンボと『ビューティフル・マインド』のジョン・ナッシュ教授を合わせたような人で、意地悪な一面がある」と表現している。彼は威圧的で面と向かって迫ってくる。しかし、ブラウンは、彼の無愛想さと率直さに新鮮なものを感じた。「カールの素晴らしいところは、彼が自社や取締役会に対して何をしようとしているのかを、すべて私に教えてくれるところだ。カールは、相手の勇気と信念を試すために、まっすぐに突っ込んでくるのだ」

アイカーンは、ブラウンに何度も同じ質問をした。ブラウンは最初はなぜだかわからなかったが、次第に、アイカーンが答えを知っていて、ブラウンの答えが毎回同じかどうかを知りたかったのだと気づいた。もし何か変化があれば、アイカーンはそれがなぜなのか知りたがった。ブラウンは、最初のうちは絶え間なく質問されることを恐れたが、時が経つにつれ、その絶え間ない質問によって自分自身に正直になれるようになっていった。ブラウンは語る。「アイカーンとコミュニケーションがとれるようになった。何でも言えるようになった。恐怖から、より心地よい対話になった」。アイカーンは6年後に同社を離れたが、2人は今でも連絡を取り合い、年に2〜3回は食事を共にしているという。

ブラウンは現在、ほとんどのアクティビストの目的は一般の投資家の目的とそれほど変わらないと考えている。彼は語る。「アクティビストの株主と一般的な株主の間には共通点の方が多い。アクティビストがより短期志向で株価が上がればすぐに売っていなくなるというのは、アクティビストからの提案を受け入れたくない経営陣が作った都合の良い話がもとになっているのではないか」

アクティビストは、ビジネス上の課題を、非常に明確な前提条件に基づいて一連の事実と数字に分解する。どちらが正しいか間違っているかの結論は、取締役の判断次第だ。多くの場合、経営者のシナリオが株主価値に変換されていないため、同じことについての議論が、中身ではなくスタイルの違いの議論になる。アイカーンはモトローラにとって、そしてブラウンにとって、適切な時期に現れた適切なアクティビストであった。

ブラウンは、自分のエゴを犠牲にして「イエス」と言うべきときと、「ノー」と言うべきときを見極めることが、アクティビスト投資家と付き合ううえでの最大のコツだと学んだ。究極の目的は、それが自分のアイデアであろうとなかろうと、常に会社の長期的な価値を高めるような変革を行うことである。

投資家と対話するためのチェックリスト

- □ 毎年、何人かの投資家に連絡を取る。彼らを招いて自社についてプレゼンテーションする
- □ 投資家が自社について知っていること、その情報源、競合他社と比較する際に使う評価指標を明らかにする
- □ 経営陣が長期的価値の創造に焦点を当てるよう、どのような取り組みを取締役会が行っているかを投資家に伝える準備をする
- □ 投資家にサクセッションのプロセスや、役員の基本給、賞与、業績連動報酬、その他の報酬の根拠について説明する準備をする
- □ どんな投資家でもミーティングを申し込まれたらイエスと答える
- □ 決算説明会後に投資家と連絡を取る。
- □ 自社に決算のガイダンスを出させてはならない。もしどうしても必要な場合は、広いレンジで表現する
- □ 大口の機関投資家との関係を強める。彼らの支援がなければ、アクティビストが自社の取締役会に入ってくることはできない

□ 長期的価値の創造に関心を示すアクティビストがいれば、取締役会に招く選択肢も排除しない

□ 投資家から変化を提案されてもオープンマインドを保つ。世論に動かされて同意するのではなく、論理的に判断する

結論

ESG
パズルの1ピースではなく、全体像を把握する

私たちがこの本を書いた目的は、長期的な視点に立ち、新しいTSR（人材・戦略・リスク）の重要検討事項に焦点を当てることで、古いTSR（株主総利回り）の概念を再定義するよう取締役を支援することであった。

私たちが数十人の企業のリーダーや取締役に行ったインタビューでは、ESG（環境、社会、ガバナンス）が課題として頻繁に取り上げられた。また、私たち自身が取締役会を支援した経験からも、ESGが多くの取締役にとって最重要課題であることがわかっている。しかし、読者は、私たちがESGに関する独立した章を設けず、単独のトピックとし

て取り上げていないことに気づいたかもしれない。なぜか？　それは、ＥＳＧは単独のテーマではなく、ＥＳＧに関連するテーマが本書のすべてを通じて織り込まれているからである。ある意味、ＥＳＧなしに新しいＴＳＲを語ることはできないのだ。

本書では、人材について論じた際には、人的資本マネジメント、ダイバーシティ、健全な企業文化などを取り上げた。戦略については、ビジネスモデルの持続可能性や消費者の需要の変化を予測する能力について説明した。リスクについては、銀行の不祥事、航空会社の大惨事、パンデミック、セクシャルハラスメント、社会的・経済的不公正、深刻化する気候危機など、悪い方向に進む可能性のあるものについて述べた。これらはすべてＥＳＧの話である。

最終的には、これらすべての事項は、企業を統治するために選出された取締役の責任範囲、すなわちＥＳＧのＧ（ガバナンス）の下にある。取締役会は、自社がこれらの要因にどのように影響を与え、また自社がどう影響されるのかを理解し、それを自分のものとして取り組まなければならない。

ストーリーを語る

企業はＥＳＧについてどのように報告すべきか？　選択肢や意見が溢れている。近年、市場ベースでの報告のフレームワークの数が爆発的に増加している一方、規制当局の報告要件は世界中でそれとは異なるペースで進化し続けている。これは、企業と投資家の両方にとってフラストレーションの原因となっている。私たちが取締役会や経営陣からよく聞かされるのは、「とにかくどのフレームワークを使えばいいのか教えてほしい」という言葉だ。その一方で、投資家はより良い意思決定を可能にするために、明確で一貫性のある比較可能な情報を求めている。

私たちは、特にＳＡＳＢ（Sustainability Accounting Standards Board：サステナビリティ会計基準審議会）やＴＣＦＤ（Taskforce on Climate-related Financial Disclosures：気候関連財務情報開示タスクフォース）などのグループの活動を通じて、ＥＳＧ報告の標準化を推進する努力が続けられていることに勇気づけられている。このような動きは、約1世紀前に会計基準や会計原則を標準化した努力を思い起こさせる。ＥＳＧの報告基準が、市場ベースのイニシアチブ、規制、またはその両方の組み合わせのどれによって実現するかにかかわらず、これらの基準は事業会社と投資家の双方の利益のために必要である。

投資家にとって、文脈（context）は生のデータと同様に重要な意味を持つ。すべての企業は、独自のＥＳＧストーリー、戦略、そして独自の課題を持っている。企業は、自分たちが市場での異常値と見られる可能性のある領域を認識し、「私たちはリーダーなのか、遅れているのか、そして投資家に理解してもらうために、どのようにそのストーリーを語るのか」を問う必要がある。

長期的な利害の一致

序章では、ビジネス・ラウンドテーブルが、企業に株主以上の貢献を求めていることについて論じた。２０１９年に発表された「企業の目的に関する声明」は、企業は、顧客、従業員、地域社会、サプライヤーなどのステークホルダーにも価値を提供すべきだと述べている。この声明は、特に取締役会や、株主に対するフィデューシャリー・デューティ（受託者責任）を監督する立場にある人々の間で、大きな混乱と議論を引き起こした。この声明はシステムの完全な変更を意味し、株主を単なるステークホルダーに追いやるのではないか、と心配する人もいた。しかし、そのような懸念は杞憂に終わり、この点で市場の期待が塗り替えられるようなことはなかった。

株主は企業に資本を提供してリターンを得る。それが人々が投資する理由であることは、数々の調査で確認されている。資本市場には、混沌、リスク、不確実性がつきものだが、資本市場は秩序も重視する。株主やステークホルダーの間で企業に対する期待が定義されず、または、それが明確でなければ、経営陣や取締役会は基本的に何に対しても責任を負わないことになる。そして、企業のリーダーが責任を負わないとき、物事は崩壊する。

私たちは、ビジネス・ラウンドテーブルの声明に対する大多数の見解は、企業が進化している方向性を実利的に認識したものである、と考えている。ますます多くの企業が、株主価値は真空状態では生まれないことを理解している。顧客、従業員、サプライヤー、地域社会に対する配慮や関心がないまま企業が運営されれば、それは長期的に株主価値を破壊する。実際、長期的には、株主とステークホルダーの利益は一致するのである。

シェリー・ラザラスは第2章で、ビジネスの持続可能性への移行が進んでいることを見事に表現している。「(サステナビリティへの取り組みは) 企業を構成するすべての人々にとってますます重要になっているため、優良企業がどう経営されるかの一部となっている」と彼女は言う。「市場を重視する企業であれば、資源をどのように取り扱うか、地域社会とどのように交流するか、社会への影響をどのくらい長期的に考えるかなど、これらのことが重要かどうかはすでに市場が物語っている」

例えば、ＥＳＧの１つの焦点は、廃棄物の抑制だ。空気の質はどの企業も単独では改善できないが、汚染をやめるという自社だけの決断ならどんな企業でもできる。そのためにビジネスモデルを変えたり、新しい製造技術や製品開発技術に投資する必要があるかもしれないが、長期的には廃棄物を減らすことで、コストを削減し、利益を挙げ、長期的な価値を生み出すことができる。

教育関連の取り組みも同じように機能する。アメリカの多くの企業は、直接または財団を通じて教育に投資している。その目的は、慈善事業というよりも、将来の従業員が企業に必要なスキルを身につけられるようにすることにある。このようなプログラムは、この国を引き裂こうとしている経済的不平等の是正にも役立つ。公開企業は、この領域で果たすべき役割がある。そして、多くの投資家、特に若い投資家は、企業がその役割を真剣に果たすことを期待している。

結局、この議論の本質は、株主対ステークホルダーではなく、短期と長期である。この10年以上、バンガードのような投資家は、長期的な価値創造こそが多くの投資家の関心であると認識し、より長期的な視点を持つことを推進してきた。

組織を長期的に導くということは、理屈のうえでは簡単だ。しかし、長期は何千もの短期で構成されており、企業がすべての構成員の関心を常に満足させることはほぼ不可能である。株主やステークホルダーを満足させなければならないというプレッシャーは、強烈なものとなり得る。前述したように、ジェフリー・アッペンは語る。「サステナビリティは短期主義の解決策である」。その通りである。しかしそれには勇気とビジョンが必要だ。そしてそれは、長期的な持続可能性に焦点を当てた組織を作ることにつながっていくだろう。

だからこそ、取締役会が極めて重要なのだ。取締役会は、企業の株主やステークホルダーのための長期的な価値の管理人（steward）なのである。どんなときでも、取締役会の在任者がすっかり入れ替わるには数十年かかる。これは、ほとんどのＣＥＯの在任期間よりも長く、多くの投資家が株式を保有する期間よりも長い。永続的な統治機関として、取締役会は、その独自の視点と能力によって自社を監督し、助言し、そして最終的には自社が持続的な長期的価値を創造できるようにするのである。

謝辞

多くのＣＥＯ、取締役、経営幹部の方々に深く感謝する。彼らは私たちのインタビューに自らの時間を割き、私たちの壮大な意図を、本書に示したような「実行できる行動」に落とし込む方法について、私たちの考えをはっきりさせるうえで多大なる貢献をしてくれた。また、ウォーレン・バフェットをはじめとする多くの投資家は、全マーケット参加者のために企業価値を高め、適切なやり方で成長し、長期的なポテンシャルを実現するためには、「人材・戦略・リスクの３つを正しく行うことがすべて」であるという私たちの主張を支持してくれた。

ハーブ・アレン、メアリー・バーラ、エレナ・ボテリョ、エド・ブリーン、ジャック・ブレナン、ブルース・ブルサード、メアリー・エルドス、レディ・リン・フォレスター・ド・ロスチャイルド、エイブ・フリードマン、エド・ガーデン、ラジ・グプタ、ミシェル・フーパー、ムーター・ケント、シェリー・ラザラス、ビル・マクラッケン、アン・マルケイヒー、サム・ナン、ロン・オハンリー、ダン・リフ、ブライアン・ロジャース、ケビン・スニーダー、ブレンダン・スワーズ、マーク・ターナー、ジェフリー・アッベンに感謝する。また、ケネス・エイブラムス、ジョン・アヴェリル、ウンハック・ベイ、ニコラス・チョウメンコヴィッチ、ウエンディ・クロムエル、ボブ・ハラガン、エヴァン・ホーンバックル、トム・レバリング、グレゴリー・マッティコ、デイヴ・パルマー、ダン・ポーゼン、サウル・ルービン、タラ・スティルウエル、マーク・ホワイタカからのコメントにも感謝する。

私たちの山のようなアイデアを読みやすい文章にするために重要な役割を果たしてくれた人が2人いる。ハーバード・ビジネス・レビュー・プレスの編集者メリンダ・メリノは、ビジネスの動向や課題、そしてその広い背景を把握し、本書に何を盛り込むべきか、どのように表現するのがベストかを考えてくれた。彼女のチェックは本質的で、非常に有益であり、あらゆる場面でわれわれの励みになった。彼女の助言には感謝しかない。

アンドリュー・クファーは3人の筆者から寄せられた意見と膨大な量のコンテンツを、非常に読みやすく、かつ読者の時間を無駄にしない長さの本にまとめ上げてくれた。長年『フォーチュン』誌の記者・編集者を務めたアンドリューの経験に助けられた。私たちが感銘を受けた彼の頭脳明晰さと卓越した執筆・編集スキルのおかげで仕事は大変楽になった。

また、アン・スター率いるハーバード・ビジネス・レビューの制作スタッフの専門知識と細部への配慮にも感謝したい。また、グラフィックデザイナーのスコット・ベリナトは、私たちのアイデアを独創的な形でビジュアル化してくれた。

ビル・マクナブより　ティム・バックリー、アン・ロビンソン、クリス・マックアイザックをはじめ、このプロジェクトをサポートしてくれたバンガードの同僚たちに大変感謝する。彼らの批判的な意見や励ましは非常に貴重だった。この本に掲載されているデータの多くは、バンガードの複数のソースから得ている。マイク・ブエク、アンディ・クラーク、カジア・クラツェスカ、ライアン・ルート、マイク・ノーラン、ジム・ローリー、アマンダ・シャー、ハイフェン・ワンがこの作業に大きく貢献してくれた。バンガードのガバナンスの専門家であるグレン・ブーラエム、ロブ・ウェリー、サラ・レリチも協力してくれた。最後に、ブライアン・トーマスとヴィッキー・ラインハウザーには「ありがとう」という言葉ではまったく足らない。彼らは本書のすべてに関わっており、これからも多大なサポートをしてくれるだろう。

ラム・チャランより　クマール・ビルラ、ボブ・ブラッドウェイ、ディック・ブラウン、チャド・ホリデイ、ロイス・ジュリバー、ホルヘ・パウロ・ルマン、キャシー・マーフィー、ダグ・ピーターソン、ヘレーン・ランタグ、アンナ・サイカリ、カルロス・アルベルト・シクピラ、セシリア・シクピラ、スマン・シンハ、マイケル・ユーシーム、エド・ウーラード、秦英林など、長年にわたってビジネスリーダーたちと多くの学びのある会話や関わりを持つことができたのは幸運だった。私の長年のビジネスパートナーであるジョン・ジョイスは、執筆過程において有益なフィードバックとサポートを提供してくれた。アシスタントのシンシア・ブアとリサ・ローベルトは、ロジスティクス上の課題を巧みに処理し、その他の重要なサポートを提供してくれた。また、20年以上前に初めて取締役会に関する本を出版して以来、コーポレートガバナンスの問題で私と一緒に仕事をしてきたゲリ・ウィリガンは、本書にも欠かせない貢献者だった。

デニス・ケアリーより　コーン・フェリーのCEOであるゲイリー・バーニソンに感謝する。彼は、新しいアイデアを推進し、成功した企業の経営者から学び、われわれが業界での認知を正しく高めていけるよう、全社員を奨励している。30年来のアシスタント、ドナ・グレゴールのおかげで、私は慎重かつ自信を持って仕事を完遂できる。この素晴らしい会社に私をスカウトしてくれた、コーン・フェリーの副会長ジョー・グリーゼディックにも感謝したい。彼は、私の研究プロジェクトやクライアントワークなどを常にサポートしてモアを大切にしてくれる。彼は30年以上の友人であり、同僚でもある。私は彼から、何をするにしてもユーモア、良識、外交性を持ち合わせることの重要性を学んだ。たまに仕事を忘れて楽しく過ごせるようにしてくれる養子たち——カトリーナ、モーリッツ、シャモニー、ブライトン、ソレイユ——、そしてもちろん私の人生の素晴らしい旅の中で静かに大切にしてきた息子マットと娘マギーにも、特別な感謝の気持ちを伝えたい。

日本語版解説

取締役会をグローバル競争力の源泉とするために

中島正樹

「人材・戦略・リスクは、長期的な株主価値を向上させるためにＣＥＯがマネージし、取締役会が監督すべき企業活動の個々の機能要素をまとめて表している。新しいＴＳＲは、短期主義から脱却し、長期へと方向性を切り替えるために取締役会が使えるツールである」（本書より）

世界的な機関投資家、企業経営のアドバイザー、人材マネジメントの専門家の３人が書き下ろした本書は、さまざまな業界のグローバル企業の取締役、ＣＥＯ、そして投資家たちへのインタビューと自身の豊富な実務経験をもとに、企業経営に求められる根本的な転換と取締役会の新たな役割を洞察する。そして、その変革のアプローチを具体的に提示している。

著者のうち、ラム・チャランとデニス・ケアリーが２０１４年に書いた『取締役会の仕事――先頭に立つとき、協力するとき、沈黙すべきとき』（原題 *Boards that Lead*）では、経営陣を監督する「モニタリングボード」の役割を期待されてきた取締役会が、急激に変化する経営環境のなかで、経営陣と協調しつつも従来の役割を一歩踏み出し、戦略の方向づけや経営資源の配分などの決定についてリーダーシップを発揮することで、企業価値を向上させていく姿が論じられた。また、そのような役割を果たすために取締役に求められる資質についても提示された。

日本で初めて「コーポレートガバナンス・コード」が示されたのは、その翌年の２０１５年であった。同コードが求める取締役会の構成と運営を経験知として持たなかった日本の多くの取締役会関係者と専門家にとって、コーポレートガバナンスの方向性と先進事例を示した同書は「必読書」的な存在となった。

非連続が連続し、負の外部性が内部化する「新常態」に向き合う

その後、世界経済は2019年まで実質GDPで概ね3%半ば（IMF World Economic Outlook）の安定成長を続けたが、企業を取り巻く環境は決して「安定」的にではなく、加速度的かつ質的にも変化した。デジタル化とさまざまなテクノロジーによって業界を越えた破壊的な変化が進行した。そして、2020年の新型コロナウィルス感染症の世界的な大流行、2022年2月に始まったロシアによるウクライナの軍事侵攻など、企業のビジネスモデルやオペレーションを構造から見直すよう迫る、グローバルレベルでの非連続な変化が立て続けに起きた。

また、これまで考えずにいられた企業活動の「負の外部性」が顕在化し始めた。2019年にビジネス・ラウンドテーブルは、企業の目的は株主だけでなく、顧客、従業員、サプライヤーなどを含むステークホルダーに価値を提供することである、との声明を出した。21年11月にはCOP26（第26回国連気候変動枠組条約締約国会議）で、気温上昇を「1・5℃に抑えることを目指す」ことが世界的に合意された。「サステナビリティ」「ESG」は財務業績とならぶ非財務の評価項目として株式市場で注目され、企業にとって後回しのできない経営の最重要課題になった。

この非連続が連続し、負の外部性の内部化が求められる「新常態」のなかで、企業価値を向上させていくにはどのような経営が求められるのか？

長期的に最適な意思決定を行うために取締役会と経営陣とのダイナミクスを活かす

本書が提示する答えは、短期的な成果指標である株主総利回り（Total Shareholder Return）を目標にしたマネジメントから、**長期的な価値創造のドライバーである人材（Talent）・戦略（Strategy）・リスク（Risk）を基軸としたマネジメントへの企業経営の根本的な転換**である。そして、**取締役会がその要の役割を果たす。**

非連続が連続する環境変化は、企業に、業界内の目先の変化を越えた、広く世界の長期的な構造変化をとらえる一段高い経営視点を求める。また、外部不経済が内部化される事業環境は、これまで通用してきた戦略や考え方を転換し、新たな価値創造の仕組みを検討する多面的な思考と一段深い洞察を求める。

しかし、短期的な利益を求める資本市場からの圧力を受け続ける経営陣が自ら視点を引き上げ、従来からの思考を転換するのは容易ではない。日々変化する環境に合わせて事業運営するだけでも難しいところに、長期的な課題への取り組みも待ったなしである。

この企業経営のジレンマを解決するために、取締役会が新たな役割を果たす。それは経営陣との短期と長期の単なる役割分担、または従来の「執行と監督の分離」ではない。**長期的な企業価値を向上させる最適な意思決定を一貫して行うために、取締役会と経営陣との健全な対立構造から生まれるダイナミクスを最大限利用する、そのために取締役会を強化することがその本質**である。

取締役会が経営陣と「健全な対立構造」を築くには、経営陣とは異なる独自の視点を持ち、経営陣と対等に討議し、ときには長期的な企業価値のために経営陣を指導（コーチ）できなければならない。例えば、経営陣からの提案に対し、取締役がその状況や前提を理解しつつ、経営陣とは異なる多面的な視点から潜在的なリスクの存在を明らかにしたり、新たな切り口から長期的なポテンシャルを提示する。建設的な批判も恐れずに行い、元の提案を徹底的に討議して叩き、より良いものに改善していく。このような取締役会と経営陣とのダイナミクスによって最適な意思決定を導き出すのが、筆者が提示する取締役会の新たな役割である。

取締役会がこの役割を果たすには、有能な社外取締役が揃うだけでは足りない。取締役会という組織の能力とプロセスを体系的に、かつ持続的に強化する必要がある。第２部の「取締役会のベストプラクティス　新しいＴＳＲと長期的な価値創造のためのマネジメント」

で提示されたのはそのためのさまざまな手法である。

日本企業にとっての意味合い――最良の取締役会のWhat・Howとその基本原則を知る

それでも一般的な日本の読者には、本書で示された事例と自社の現状とのギャップから、「コーポレートガバナンスはローカルルールに基づくものだ」、または「個々の企業それぞれのガバナンスに対する考え方がある」という意見もあるだろう。また、これまでの日本企業の経営陣からすると、自分たちを監督するために取締役会が独立した情報源やプロセス、場を持つことなどについて、その費用を会社が追加負担することも考えると、「なぜそこまでやる必要があるのか」と釈然としない人もいるだろう。

しかし、投資家は、国にかかわらずグローバル共通の基準で企業のガバナンスを評価するようになっている。例えばＩＩＲＣ（国際統合報告評議会）とＳＡＳＢ（サステナビリティ会計基準審議会）が２０２１年６月に合併してValue Reporting Foundation（価値報告財団）が設立されるなど、グローバルでＥＳＧ報告の標準化が急速に進み始めている。また、「取締役会は、長期的な企業価値を向上させるために、できるすべてのことをやらなければならない。それが投資家を含むステークホルダーに対する善管注意義務や忠実義務を果たすということである」という「正論」を否定することはできない。

日本のコーポレートガバナンス・コードは２０１５年の導入後、３年ごとに改訂されてきた。また、「コーポレート・ガバナンス・システムに関する実務指針」「社外取締役のあり方に関する実務指針」などの各種のガイドラインが次々に発表・改訂され、「コーポレートガバナンス改革を『形式』から『実質』へと深化させる」ための官からの議論や取り組みが進んできた。しかし、現場は「形式」の整備とさまざまな報告書の作成に忙殺されており、日本企業のガバナンスの実態は「周回遅れ」と国内外の投資家等からの評価は厳しい。

アジアで規制当局、機関投資家、上場企業、監査人と対話し、各国のコーポレートガバナンスについて調査している非営利団体Asian Corporate Governance Association（ＡＣＧＡ）が２年ごとに発表する調査、CG Watch 2020によれば、日本のコーポレートガバナンスはアジアでの国別ランキングでマレーシアと並んで第５位であった。（１位はオーストラリア、２位は香港とシンガポール。）２０２１年の会社法の改正やコーポレートガバナンス・コードの改訂見通しによる規制の強化については肯定的に評価しつつも、多くの取締役会議長が独立社外取締役でないこと、上場企業のコーポレートガバナンス報告書に記載される開示の内容、例えば指名・報酬委員会の活動状況の開示が他国に比べて著しく劣ることが指摘されている。

また、取締役会の実効性も不十分と見られている。上場企業の取締役会の実効性評価報告書には「実効性が概ね確保されていることを確認した」との結論が決まって書かれているが、その根拠は十分に開示されていない。「実効性が概ね確保されている」と開示し、ガバナンス先進企業を標榜していた複数の指名委員会等設置会社が、不祥事によるＣＥＯの交代や大株主との対立に直面していることが、皮肉にも実態を物語る。

さらに、海外投資家が上場企業のガバナンスの改善を期待した東京証券取引所の市場区分の見直しについても「期待外れ」との声が聞かれる。再編後の最上位となる「プライム」市場の上場基準として「コーポレートガバナンス・コードの全原則の適用」が求められたが、一部上場企業２１８０社のうち「経過措置」を利用した約３００社を含む１８３９社が移行することになった。

多くの日本企業のコーポレートガバナンスは、形を整えようとはしていても、いまだに実質は伴っていない。それを見透かすように、企業に水面下で「対話」を求め、短期的な株価上昇策を実施するよう揺さぶりをかけるアクティビストの噂も後を絶たない。

このような状況にある日本企業の取締役会の関係者、ＣＥＯをはじめとする経営陣は、本書から少なくとも以下の3つの価値を得ることができる。

1つめは、**取締役会の「あるべき姿」（What）を知る**ことである。

日本企業のコーポレートガバナンスに実質が伴わないもっとも大きな理由は、多くの取締役に取締役会についての知見と経験が圧倒的に不足していることである。

最も基本的なことで言えば、「コーポレートガバナンス」という用語を「中長期的な企業価値向上のための経営の仕組み」という意味ではなく、狭義の「コンプライアンスの遵守」や「管理」の意味で使う取締役は依然として多い。「監督」という言葉についても、同様の狭い理解や誤解が見られる。

また、自社の経営陣から取締役になった人の多くは、自社の取締役会の姿しか知る機会がない。その姿が「2度目の経営会議」で「取締役会決議」という追認をする場であれば、多様な視点からの建設的な批判と徹底的な討議によって長期的な企業価値を高めようとする最高レベルの議論の場、というイメージは持ちえない。

社外取締役として複数の企業の取締役会を経験している人でも、経験社数は数社から多くても十社程度に限られる。各社各様の取締役会に対して「これがあるべき姿」と示し、その運営を変えていくには相当の熱量が求められ、またCEOをはじめとする経営陣の協力も不可欠である。さらに、会議の空気を読み、「（いまさら）こんな問題提起は無礼になるか」と考えて発言を控える心理も働く。変えた方が良いと思っていても、「すでに複数社を兼職しており、負荷の増加は自分の首を絞めるだけになる」と考える多忙な社外取締役もいる。

本書で紹介された優れた取締役会や取締役の姿を知ることで、その多くの問題が解決に向かう。CEOサクセッションに複数年かけて取り組み、取締役自身による候補者の観察と、実地テストを経て候補者を絞り込んだコカ・コーラの委員会と取締役会（第1章）、CEOが高値にしり込みした買収を、自社の長期的な価値向上の可能性に注目してCEOを後押しして実行し、結果として企業価値を大きく引き上げたキャタレントの取締役会（第3章）、また、CEOや経営陣から提供された情報を「出発点」とみなし、自ら外に出て独自に情報を集め、競合比較を行って意思決定に活かす模範的な社外取締役（第6章）は、特に秀逸な例である。これらのケースに加え、並行して示された失敗例との差を理解して取締役会の共通認識とすることで、「長期的な企業価値向上のために、できるすべてのことをする取締役会」に向けた変革の議論を開始することができる。

2つめは、**取締役会の運営のベストプラクティス（How）を知る**ことである。

取締役会が最善な意思決定を下すために、また最も効果的に経営陣を監督するためにどんなやり方が有効かは、コーポレートガバナンス・コードや各種のガイドラインには抽象的にしか書かれていない。**個社に閉じた実践知を広げるために外部の具体的なプラクティスを知る**ことが必要である。

本書では、取締役に最新情報を毎日ダイジェストで提供するとともに、取締役会の前に各議案に対して求めるインプットをまとめた2ページの概要を送付するGMのやり方（第6章）、M&Aなどの重要な戦略施策のリターンとリスクを徹底的に検証するため、賛成と反対の2つのチームを外部から招いて取締役会で討議させるウォーレン・バフェットの手法（第2章）などが紹介されている。これらは、取締役の時間を効率的かつ効果的に使う工夫として、また、取締役会が経営陣の確証バイアスにとらわれることなく最適な意思決定を導き出すことを支援する手法として参考になる。

取締役と経営陣との情報格差が大きく、取締役会では表面的な議論に終始しがちな筆頭格のテーマである戦略とリスクについては、それを一体で集中的に議論する「戦略・リスク委員会」を設ける、また、サイバーセキュリティなどの重要課題に対応した委員会を柔軟に編成する（第5章）などは、取締役会の持つ情報や能力の不足を外部の専門家も活用して補完し、実質的な検討を短期間で深化させるやり方として効果的である。

また、アクティビストの視点で自社を見る、さらに踏み込んで、自社の脆弱性や課題の本質を見つけるためにアクティビストに会い、その視点と分析を参考にする（第7章）などは、体系的に行えば得るものは多い。どんな取締役会や経営陣にとってもアクティビストに会うことは心理的なハードルが高いだろうが、これまでなじみがなく最も厳しい投資家の見方を知って自社の戦略の妥当性や監督の質を高めることを検討すべきである。

3つめは、**取締役会という場に固有の、人間力学上の課題に対処する基本原則を知る**ことである。形式を優先した取締役会には、特に注意しないと運営が簡単に形骸化するいくつかの要点がある。

なかでも重要なのは、取締役個人の「独立性」である。取締役が「(法律の拘束を受けるが)他からの干渉・拘束を受けずに、単独にその権限を行使できる」ことは、公平性や客観性を維持し、経営陣との健全な対立構造から生まれるダイナミクスによって最適な意思決定を導き出す取締役会の大前提である。

しかし、これを確保し、維持することは簡単でない。例えば、社外取締役をＣＥＯが選べば、その取締役は、最も重要な判断や意思決定の時にＣＥＯの表情を見て手心を加えるおそれがある。また、元ＣＥＯが取締役や議長に就任すれば、その発言や行動が取締役会の意思決定に作用するだけでなく、新経営陣の遠慮と忖度も生み出す可能性がある。オブザーバーとしてその場にいるだけで、本人が意識しなくてもその影響力は発揮される。

取締役同士の関係も微妙なバランスの上に成り立つ。「取締役」としては、全員が対等で上下関係はない。そのため、ある取締役の言動やパフォーマンスに問題があっても、他の取締役がそれについて率直にフィードバックしにくい。これは、洋の東西を問わない。

このような**人間の特性と力学を理解したうえで、その悪影響をできる限り抑えるためにプロセスやルールを定め、変な気を遣わずにそれに沿って運用する**のが、取締役会を機能させる「基本原則」である。

独立取締役で構成される指名委員会が取締役を選任するプロセスを設け、経営陣の力を借りずに実施する、取締役が経営陣からのプレッシャーを感じずに議論できるエグゼクティブセッションを定期的に開催する、取締役会と取締役個人に対する評価を外部の専門家によるインタビューによって実施する、任期を定めて取締役を定期的に交代させる（以上第4章）などは、取締役会の議論を歪め、無力化してしまった数多くの失敗と、それを見てきた優れた取締役たちの洞察の上に考え出されている。それらのプロセスの一部を省略したり、形だけの実施にとどめる誘惑に負けてはならない。

取締役会をグローバル競争力の源泉にする

このような「最良の取締役会のWhat・Howとその基本原則」を知り、実践することが、

「形式」を機能させ、「実質」に向かう助けになる。取締役会を変革する具体的なアプローチとしては、以下が1つのモデルとなるだろう。

第1のステップでは、**自社の取締役会の「あるべき姿」を取締役会で議論し、その役割と責任についての認識を共有する。**取締役会議長、CEO兼議長の場合は筆頭格の社外取締役が共同でリーダーシップを取り、CEOを含む主要な経営陣も参加して議論する。一度合意できたら「完了」ではなく、新たな取締役が選任されてもされなくても、定時株主総会後の最初の取締役会で議論のための時間枠を確保するなど、定期的に認識を確認する。

第2のステップでは、**取締役会の運営を新しいTSRを基軸としたものに変える。**議長とCEOが中心となって人材・戦略・リスクの項目で取締役会の年間計画と各回の大まかな議案を設定する。各委員会の活動も取締役会の年間のTSRの議論に整合させるよう計画する。この年間計画があることによって、不測の事態にも柔軟に対応できる余地が生まれる。各回の取締役会が終了したら、その回の成果を評価し、取締役会全体で運営やプロセスについての改善点を検討する。各人の役割について理解を確認し、また、取締役会の「チーム」としての協働についても評価する。改善策については、本書も参考にして新たな運営方法を試し、やってみてうまく行かないと思ったものは柔軟に変えていけば良い。それが、取締役会の「改善志向」という特長を作っていく。

以上の過程で明らかになってくるのは、**取締役会の構成と取締役個人の能力の課題**である。第3のステップでは、開示ベースよりも一段厳密な本音ベースのスキルマトリックスを作成することによって、今後のTSRの議論のために不足する専門性・経験を明らかにする。これに合わせて、任期等による退任予定時期を取締役会全体で一覧表にすることで、どの専門性・経験がいつ失われるのかを明確にし、同時に、複数の取締役が退任する「スキルの谷」がいつ訪れるのかも確認する。取締役個人に対する評価は外部の専門家を活用して行い、個人に建設的なフィードバックを提供することで、改善とさらなる貢献を求める。一方、改善の余地が小さいと想定される場合には、交代も含めた検討も始めなければならない。この一連のプロセスをリードするのは指名委員会である。初回は特に作業の負荷が大きいので、相当の時間のコミットメントが必要であることを前提に委員を任命し、事務局によるサポートの体制も充実させておく。

以上のアプローチで取締役会の変革を進める際、日本企業が特に留意すべき重要な点が3つある。

1つめは、議長や取締役だけでなく、**CEOをはじめとする経営陣が取締役会の「あるべき姿」にしっかりと納得する**ことである。業務執行取締役が多い日本企業の取締役会では、監督側の理解と動機づけだけでなく、執行側がそのメリットについて、きちんと腹落ちすることが特に重要である。「監督」は長期的な企業価値の向上のためにどんな貢献をするのか。単に経営陣にブレーキをかけたり、詳細な報告を求めて負荷をかけたりするのが「監督」ではないことが、取締役会の共通認識にならなければならない。

2つめは、**「本質」を理解したうえで手法を採用する**ことである。例えば、取締役会による戦略策定への関与と監督機能を強化するために投資家の視点を活用するという点で本書の主張と共通し、日本でも取り上げられるようになった「Board 3.0」をめぐる議論がある。この「Board 3.0」のコンセプトを鵜呑みにして、「では社外取締役に投資家を迎えよう」と短絡してはならない。確かに、モニタリング型のBoard 2.0は、独立社外取締役には事業戦略や業績管理などの経営情報を評価・分析するための十分なリソースが与えられず、報酬等による動機づけも不十分という構造的な欠点を抱えている。これに対して、事業戦略の策定に自ら十分なリソースを使って関与し、進捗管理を行って改善に介入し、成果を長期の株式報酬で得る、というPE（プライベートエクイティ）の投資先会社に対するガバナンスがある。これから発想して、Board 2.0の欠点を解消し、かつ公開企業にも適用できるモデルを提示しようとしているのが、コロンビア大学のロナルド・ギルソンとジェフリー・ゴードンが発表した「Board 3.0」の趣旨である。この本質をとらえずに、また自社の株主構成や監督と執行のバランスとのマッチングを十分検討せずに社外取締役に特定の投資家を迎えれば、期待に見合った貢献が得られないだけでなく、利益相反の恐れ等からアクティビストでない株主からも支持が得られなくなる可能性もある。「実質」を追求して再び「形式」の罠にはまらないように十分に注意する必要がある。

3つめは、**個人の任期を越えた長期に向けて変革に取り組む覚悟**である。激動する環境変化の中で取締役会の「あるべき姿」を追求するには、企業の「パーパス」へのコミットメントと同様に、取締役会と経営陣が、個々人の任期を越えた長期的な視点から持続的に自己変革に取り組む覚悟がいる。求める高い専門性や経験を持つ有能な取締役を招聘するには5年以上かかるかもしれない。形だけではないダイバーシティを持った取締役会にするには、さらに時間を要する。さまざまな努力の末にようやく「あるべき姿」が実現しても、それを持続するには、その数年以上前からの円滑なサクセッションの準備が必要である。株主を含むステークホルダーは、サステナビリティやESGなどの課題に対し、長期で一貫した取り組みを求める。短期の財務業績に対する株主の期待に応えつつも、長期に向けて取締役会の変革に一貫して取り組む姿勢を取締役会自体の「文化」として根づかせ、メンバーが交代してもそれを継承するのである。

筆者は以下のように本書を結んだ。

「取締役会は、企業の株主やステークホルダーのための長期的な価値の管理人（steward）なのである。どんなときでも、取締役会の在任者がすっかり入れ替わるには数十年かかる。これは、ほとんどのＣＥＯの在任期間よりも長く、多くの投資家が株式を保有する期間よりも長い。永続的な統治機関として、取締役会は、その独自の視点と能力によって自社を監督し、助言し、そして最終的には自社が持続的な長期的価値を創造できるようにするのである」

このような究極の取締役会を作ることは簡単ではない。しかし、もしそれが実現でき、さらにそれを持続させることができれば、その企業は長期投資家から注目され、さらなる投資を得て企業価値を持続的に高めていく可能性が高い。また、顧客や従業員などのステークホルダーも取締役会がリードする意思決定と企業としての行動に注目し、信頼と支持を強めていくだろう。

取締役会は、長期的な企業価値を向上させるグローバル競争力の源泉となる。だからこそ先進的な企業は、取締役会の強化に本腰を入れて取り組んでいる。

本書を活用する日本企業の取締役会とＣＥＯをはじめとする経営陣が、新しいＴＳＲによって長期的な企業価値の向上に一貫して取り組み、海外投資家をはじめとするステークホルダーからコーポレートガバナンスを高く評価されることでグローバルな競争力を強化していく、そんな未来に期待したい。

著者紹介

ビル・マクナブ　Bill McNabb

世界最大級の資産運用会社であるバンガードの元会長兼CEO。1986年にバンガードに入社し、2008年にCEO、2010年に会長に就任。2017年にCEOを、2018年に会長を退任。最高経営責任者としての在任期間中、バンガードの運用資産は4倍以上の4・4兆ドルに拡大した。マクナブは、Chief Executives for Corporate Purpose (CECP) やInvestment Company Institute (投資信託協会) などの組織でリーダーシップを発揮し、優れたコーポレートガバナンスと責任ある長期投資を提唱してきた。また、ドレクセル大学ルボウ・ビジネスカレッジのラジ&カムラ・グプタ・ガバナンス・インスティテュート、コロンビア大学ロースクールのアイラ・ミルスタイン・センター・フォー・グローバル・マーケット・アンド・コーポレート・オーナーシップ、ペンシルベニア大学ウォートン校のセンター・フォー・リーダーシップ・アンド・チェンジ・マネジメントなどの学術プログラムにも取り組んでいる。マクナブは、ユナイテッドヘルス・グループ、IBM、アクシアム、ティルニー・スミス・アンド・ウイリアムソンの取締役を務めている。また、アーンスト・アンド・ヤングの独立監査委員会の会長も務めている。教育に熱心で、フィラデルフィア・スクール・パートナーシップの理事、フィラデルフィア動物園の理事長、ダートマス・アスレチック・アドバイザリー・ボードのメンバーを務めている。ダートマス大学で学士号を取得、ペンシルベニア大学ウォートン校MBA。妻のケイティとフィラデルフィア郊外に在住。娘1人、息子3人、そして元気いっぱいの孫たちがいる。

ラム・チャラン　Ram Charan

アドバイザー、作家、教授、講演者として、過去40年にわたり、世界中のトップ企業のCEO、取締役会、経営幹部と仕事をしてきた。ラム・チャランは、変化の激しい今日の環境下で複雑な経営課題に切り込み、現実に即した実行可能な解決策を提供することで知られており、すぐに使えるようなアドバイスを提供している。GEの元会長であるジャック・ウェルチは、彼について「彼は、無意味なものから意味のあるものを抽出し、それを静かで効果的な方法で他の人に伝えることができる稀な能力を持っている」と述べている。

チャランは、これまでに10人以上のCEOになったリーダーをコーチしており、社内のエグゼクティブ教育プログラムを通じて、さらに多くのリーダーを指導している。チャランは、GEのクロトンビル研究所のベルリンガー賞や、ノースウェスタン大学のベストティーチャー賞などの教育賞を受賞している。また、ビジネスウィーク誌の「社内幹部育成プログラムの講師トップ10」にも選ばれている。

チャランにはこれまでに30冊以上の著書・共著があり、400万部以上を売り上げ、12カ国語以上に翻訳されている。チャランとデニス・ケアリーはこれまでにも『取締役会の仕事――先頭に立つとき、協力するとき、沈黙すべきとき』（マイケル・ユシームとの共著）と『Talent Wins（タレント・ウィンズ）――人材ファーストの企業戦略』（ドミニク・バートンとの共著）の2冊の共著がある。

２００５年、チャランは全米ＨＲアカデミー（National Academy of Human Resources）のDistinguished Fellowに選出された。２０１０年には、全米企業取締役協会の機関誌「NACD Directorship」から、コーポレートガバナンスと取締役会において最も影響力のある人物「取締役１００人」の1人に選ばれた。また、ＮＡＣＤブルーリボン委員会のガバナンス委員会のメンバーであり、米国、ブラジル、中国、インド、カナダ、ドバイで十数社の取締役を務め、または務めた経験がある。

デニス・ケアリー Dennis Carey

コーン・フェリーの副会長。フォード、タイコ、３Ｍ、ヒューマナ、ＡＴ＆Ｔ、ＧＳＫなど、米国で最も知名度の高い企業のＣＥＯサクセッションや取締役会のエンゲージメントプログラムを主導してきた。また、フォーチュン５００社の多くの企業で、取締役会の刷新を主導し、企業のスピンアウトやＩＰＯによる取締役全員の編成も行ってきた。代表的な例としては、ゴールドマン・サックス、フィリップス66、コヴィディエン、デルファイ、ＴＥコネクティビティ、ＡＤＴ、そして、ユナイテッド・テクノロジーズ・コーポレーション（ＵＴＣ）からのオーチス・エレベータとキヤリアのスピンオフなどが挙げられる。

Ｍ＆Ａにおいては新しい人材をうまく統合し、複雑なディール取引に伴う文化的リスクを軽減することで高い評価を得ている。また、彼はその成功の尺度として、長期的な業績の向上と長期的な株主利益への影響を掲げている。現在は、ブリティッシュコロンビア州バンクーバーを拠点とするグリーン・コンストラクション・テクノロジー企業であるネクシー（Nexii）の取締役を務めている。

１９９９年にＣＥＯアカデミーを設立し、ベテランＣＥＯから新任ＣＥＯ、ＣＥＯ候補までを対象に、2日間の集中的な再教育コースを実施している。２０１７年にペンシルベニア大学ウォートン校と提携したＣＥＯアカデミーは、この種のプログラムとしてはアメリカで最も優れたものとして知られるようになった。ケアリーは、アメリカで最も優れた経営をしている企業のＣＥＯのためのプライベートフォーラムを作ることを目的として、２００８年にThe Priumを設立した。この2つの組織には、米国で最も著名で思慮深い経営幹部たちが参加している。

ケアリーは２０１５年からペンシルベニア大学ウォートン校でガバナンスのコースを教え、プリンストン神学校とハーバード大学ケネディ行政大学院の政治学研究所で博士号取得後、フェローを務めている。また、取締役会のパフォーマンス、ＣＥＯサクセッション、ビジネス戦略、人材に関する7冊の書籍を執筆し、各分野のトップの専門家との共著で50以上の記事を発表している。最新の3冊の本の共著者には、マッキンゼーの元グローバル・マネージング・パートナー、バンガードの元ＣＥＯ、ウォートンのリーダーシップセンターの現ディレクターが含まれる。

訳者紹介

中島正樹　なかじま・まさき／訳・日本語版解説

コーン・フェリー　コーポレートガバナンス・アドバイザリー部門リーダー（日本）、シニアクライアントパートナー。東京大学大学院非常勤講師、今治.夢スポーツ（ＦＣ今治）アドバイザリーボードメンバー、MN & Associates代表

一橋大学商学部卒、カリフォルニア大学ロサンゼルス校（ＵＣＬＡ）経営大学院修了（ＭＢＡ）。日本開発銀行、マッキンゼー・アンド・カンパニーを経て、マーサー・アジアパシフィック部門代表、デロイトトーマツ コンサルティング取締役等を歴任。

国内外の幅広い業界の企業及び公的機関のグローバル競争力の強化や経営変革を、取締役会の強化や経営陣に対するアドバイス等を通じて支援している。事業戦略立案、組織・人材マネジメントの改革、経営人材開発など、戦略・組織・人事の幅広い分野における専門性を組み合わせ、ＣＥＯサクセッション、取締役会の強化・変革、指名・報酬委員会の運営を全面的にサポートするほか、経営者に対するコーチングも行っている。

監訳書に『ウォー・フォー・タレント――人材育成競争』『Talent Wins（タレント・ウィンズ）――人材ファーストの企業戦略』がある。

諏訪亮一　すわ・りょういち／訳

コーン・フェリー　アソシエイトクライアントパートナー

京都大学工学部・工学研究科修了、ペンシルベニア大学ウォートン校MBA with honors。金融庁、ボストン・コンサルティング・グループ（ＢＣＧ）を経て現職。

国内外の幅広い業界におけるグローバル競争力の強化や経営変革に関する数多くのプロジェクトに参画している。戦略と組織人事の双方の専門性を活かし、ＣＥＯサクセッション、経営者報酬、人事・組織戦略、経営人材育成、人事制度改革、従業員エンゲージメント向上などに関して幅広く支援している。

Talent/Strategy/Risk

人材・戦略・リスク

長期的な価値創造を担う取締役会の仕事

2022年5月19日　　1版1刷

著者
ビル・マクナブ　ラム・チャラン　デニス・ケアリー

訳者
中島正樹　諏訪亮一

日本語版解説　中島正樹

発行者　國分正哉

発行　株式会社日経BP
日本経済新聞出版

発売　株式会社日経BPマーケティング
〒105-8308　東京都港区虎ノ門4-3-12

装幀　新井大輔（装幀新井）

DTP　アーティザンカンパニー

印刷・製本　中央精版印刷株式会社

ISBN978-4-296-11351-4

本書の無断複写・複製（コピー等）は著作権法上の例外を除き、禁じられています。
購入者以外の第三者による電子データ化および電子書籍化は、
私的使用を含め一切認められておりません。

本書籍に関するお問い合わせ、ご連絡は下記にて承ります。
https://nkbp.jp/booksQA

Printed in Japan